Los colores simbólicos

Frédéric du Portal

Los colores simbólicos

*En la Antigüedad, en la Edad Media
y en los tiempos modernos*

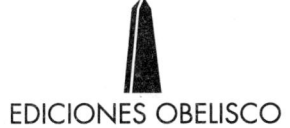

EDICIONES OBELISCO

Si este libro le ha interesado y desea que le mantengamos informado de
nuestras publicaciones, escríbanos indicándonos qué temas son de su interés
(Astrología, Autoayuda, Psicología, Artes Marciales, Naturismo,
Espiritualidad, Tradición…) y gustosamente le complaceremos.

Puede consultar nuestro catálogo en www.edicionesobelisco.com

*Los editores no han comprobado la eficacia ni el resultado de las recetas,
productos, fórmulas técnicas, ejercicios o similares contenidos en este libro.
Instan a los lectores a consultar al médico o especialista de la salud ante
cualquier duda que surja. No asumen, por lo tanto, responsabilidad alguna
en cuanto a su utilización ni realizan asesoramiento al respecto.*

Colección Esoterismo
Los colores simbólicos
Frédéric du Portal

1.ª edición: septiembre de 2024

Título original: *Des Couleurs symboliques*
Traducción: *Juli Perdadejordi*
Corrección: *Elena Morilla*
Diseño de cubierta: *Enrique Iborra*

© 2024, Ediciones Obelisco, S. L.
(Reservados los derechos para la presente edición)

Edita: Ediciones Obelisco, S. L.
Collita, 23-25. Pol. Ind. Molí de la Bastida
08191 Rubí - Barcelona - España
Tel. 93 309 85 25
E-mail: info@edicionesobelisco.com

ISBN: 978-84-1172-189-9
DL B 10819-2024

Impreso en los talleres gráficos de Romanyà/Valls S. A.
Verdaguer, 1 - 08786 Capellades - Barcelona

Printed in Spain

PREFACIO

La historia de los colores simbólicos, que aún se desconoce, y de la que sólo ofrezco algunos fragmentos, quizá servirá para descifrar los jeroglíficos de Egipto,[1] y desvelar parte de los misterios de la antigüedad. No me jacto de haber alcanzado el objetivo en estas investigaciones; mi única ambición ha sido fijar la atención sobre el punto más descuidado y uno de los más curiosos de la arqueología.

Los colores tenían el mismo significado entre todos los pueblos de la Alta Antigüedad; esta conformidad indica un origen común que está ligado a la cuna de la humanidad, y encuentra su mayor energía en la religión de Persia; el dualismo de la luz y las tinieblas ofrece, de hecho, los dos tipos de colores que se convirtieron en los símbolos de los dos principios, el benéfico y el maléfico. Los antiguos sólo admitían dos colores primitivos, el blanco y el negro, de los que se derivan todos los demás; del mismo modo, las divinidades del paganismo eran emanaciones del principio bueno y el principio malo.

---

1. Véase Frédéric du Portal, *Los símbolos de los egipcios*, Ediciones Obelisco, 4.ª edición, Barcelona 1999.

El lenguaje de los colores, íntimamente ligado a la religión, se utilizó en la India, China, Egipto, Grecia y Roma; reaparece en la Edad Media y las vidrieras de las catedrales góticas encuentran su explicación en los libros del *Zend Avesta*, los Vedas y las pinturas de los templos egipcios.

La identidad de los símbolos presupone la identidad de las creencias primitivas; a medida que una religión se aleja de su principio, se degrada y se materializa, olvida el significado de los colores, y este misterioso lenguaje vuelve a cobrar vida con la verdad religiosa.

Cuanto más se eleva uno hacia el origen de las religiones, más aparece la verdad despojada de la aleación impura de las supersticiones humanas; brilla más en Irán, la patria de los primeros hombres.

«Los iraníes», según Mohsen Fany, «creían firmemente que un Dios supremo había creado el mundo por un acto de su poder, y que su providencia lo gobernaba continuamente. Profesaban temerle, amarle, adorarle devotamente, honrar a sus padres y a los ancianos; tenían un afecto fraternal para toda la raza humana, y una ternura compasiva hacia los propios animales».[2]

El culto al ejército celestial, el sabeísmo, vino a oscurecer estos sublimes dogmas sin destruirlos, y se conservaron en el *Desatir* y el *Zend-Avesta*; y, si la verdad estaba oculta a los ojos de los profanos, todavía se encuentra bajo los símbolos de estos libros sagrados.

Cuanto más envejece una religión, más se materializa: de degradación en degradación, llega al fetichismo; el culto de los negros es la última expresión de los dogmas de Etiopía y Egipto.[3] En la época de Moisés, la religión egipcia mostraba todos

---

2. *Dabistan et les recherches asiatiques*, traducción, tomo II, pág. 98.

3. Los dioses de los egipcios, de los fenicios, de los cananeos, etc., eran como los de los negros, pequeños ídolos denominados *Ptha, Phetic,*

los elementos de decadencia y disolución; el símbolo se había convertido en Dios; la verdad, olvidada por el pueblo, fue exiliada a los santuarios y pronto los propios sacerdotes iban a perder el sentido de su lengua sagrada; apliquemos estos principios a la India y a sus brahmanes *bastardizados,* a la China y sus vergonzosos bonzos, a todos los cultos, al mosaicismo, a esos judíos que sacrificaban a los ídolos de los extranjeros.

Esta ley fatal de la humanidad explica la necesidad de las revelaciones sucesivas; el mosaísmo y el cristianismo son divinos sólo porque la intervención de la divinidad era necesaria, indispensable.

¿Cómo conciliar esta tendencia de cada pueblo a materializar su culto y la marcha progresiva de la humanidad hacia el espiritualismo religioso?

La antigua religión de Irán está olvidada; sus símbolos sagrados, la luz, el Sol, los planetas, están divinizados; es en el momento en que se realiza esta revolución cuando Abraham sale de Caldea y da vida a la verdad que está a punto de extinguirse.

El sacerdocio aún conserva el depósito del conocimiento divino en Egipto y en la India; pero los pueblos languidecen en la ignorancia; el politeísmo envuelve la Tierra con sus velos fúnebres, y Dios se revela entonces en la vocación del patriarca y comienza la popularidad de la religión a través del elemento de la sociedad, a través de la familia.

La irresistible tendencia humana lleva a los judíos cautivos en Egipto a la idolatría. Aparece Moisés, la verdad se convierte en pueblo, y el pueblo elegido, apenas alejado de vanas supersticiones, vuelve a caer en su letargo; en el desierto, sacrifica

---

Phateiq, de donde los griegos tomaron el nombre de *Pataiques*, y que, conservándose sin alteración entre los negros, es exactamente su palabra *Fetique* o *Fetiche*. (Court de Gébelin, *Monde primitif,* tomo VIII).

al buey Apis; en la tierra de Israel, pisotea la sagrada ley, se divide e invoca a los sangrientos dioses de los bárbaros. Pero el Eterno no abandonará la obra de regeneración; el pueblo profético había cumplido su misión, la era de la humanidad comienza y el Hijo de Dios, el Salvador del mundo, llama a todas las naciones al banquete de la vida.

Así, la caída del primer hombre se refleja en la historia de cada pueblo. Esta fatal consecuencia funda el dogma universal de la caída y la rehabilitación mediante la intervención divina.

Los primeros capítulos del Génesis consagran esta verdad y la voz de los profetas la proclaman en Israel; pero no es el pueblo hebreo el único que eleva sus oraciones y esperanzas al Eterno; Persia, India, China, Egipto, Grecia, Roma esperan al Salvador del mundo. «No me llames santo», dijo Confucio a sus discípulos, «el santo está en Occidente»; y es de Oriente que parten los Reyes Magos y los enviados del emperador Ming-Ti, que trajeron de la India el culto al dios Fo.[4] Ahora Dupuis y Volney mencionan estas tradiciones orientales y las atribuyen al culto del Sol, olvidando sin duda que este astro nace en Oriente y que el santo debía aparecer en Occidente.

La encarnación de la divinidad india fue tomada del cristianismo, lo admito; pero si fuera cierto, como establece la ciencia, que los libros sagrados de la India son anteriores a nuestra era, ¿no sería el mito de Krishna la más asombrosa de las profecías?

Egipto reivindica los mismos dogmas y los graba en los templos de Tebas. Orfeo los reitera en Grecia, y los versos sibilinos los anuncian a la reina del mundo. Si tuviera que informar de los pasajes de estos cantos proféticos, algunos cristianos dirían que han sido fabricados o falsificados; pero si los versos de Virgilio fueron inspirados a un monje gótico, el pagano

---

4. *Mémoires concernant les Chinois*, tomo V, pág. 59.

Servio, que las comenta, es un crítico de convento[5]; si Virgilio era romano, si floreció en la época de Augusto, ¿cómo anuncia que los últimos tiempos predichos por la Sibila se han cumplido, que la edad de oro avanza, que el Sol, símbolo eterno del Verbo divino, va a derramar su luz? ¿Quién es esta virgen y este niño que cambiará la faz del mundo? «Es Augusto», responden los doctos comentaristas; pero si la adulación del poeta aplica a un hombre esta predicción, ¿no estaba sin embargo dirigida a un dios?

El populacho rudo de la Antigüedad adoraba los símbolos materiales de un culto que era divino en su origen; la escuela del siglo xviii iba a ver la adoración del Sol en el cristianismo; toda religión nace en el espiritualismo y se extingue en el materialismo; el fetichismo incrédulo de Dupuis, como el fetichismo supersticioso de la Antigüedad, denuncia el fin de una Iglesia y reclama una nueva regeneración religiosa.

La verdad parece ajena a la humanidad: regalo del cielo, los hombres la rechazan o la pervierten. El principio del paganismo debe buscarse en el corazón humano y no en la historia, que sólo puede captar su manifestación externa. La política no hizo nacer la idolatría; supo aprovecharla, darle nueva fuerza, pero no crear esta infinita variedad de divinidades; la unidad de Dios habría sido sin duda la religión creada por el despotismo oriental, la unidad de gobierno lo exigía; el politeísmo sólo podía hacer nacer cismas y divisiones.

Los símbolos de la divinidad materializados por los pueblos materiales fueron el origen de las creencias que embrutecieron a las naciones de la antigüedad, y cuatro mil años detuvieron la marcha del espíritu humano.

---

5. El jesuita Hardouin pretendía que la *Eneida* de Virgilio había sido fabricada por los monjes de los claustros de Cîteaux: se trata, sin duda, de una broma o de una mistificación.

San Clemente de Alejandría nos enseña que los egipcios utilizaban tres tipos de escritura; Varrón, el más erudito de los romanos, señala la existencia de tres teologías; y encontramos en la historia de las religiones tres períodos marcados por tres lenguajes distintos.

El *lenguaje divino* se dirige en primer lugar a todos los hombres y les revela la existencia de Dios; el simbolismo es el lenguaje de todos los pueblos, como la religión es propiedad de cada familia; el sacerdocio no existe todavía; cada padre es rey y pontífice.

El *lenguaje sagrado* nace en los santuarios, regula el simbolismo de la arquitectura, la estatuaria y la pintura, así como las ceremonias de culto y los trajes de los sacerdotes: esta primera materialización aprisiona al lenguaje divino bajo velos impenetrables.

Entonces, el *lenguaje profano*, expresión material de los símbolos, es el pasto arrojado a las naciones entregadas a la idolatría.

Dios habla primero a los hombres con el lenguaje celestial contenido en la Biblia y en los códigos religiosos más antiguos de Oriente; pronto, los hijos de Adán olvidan esta herencia, y Dios vuelve a decir la palabra bajo los símbolos de la lengua sagrada; regula los trajes de Aarón y de los levitas y los ritos del culto; la religión se vuelve externa, el hombre quiere verla, pues ya no la siente dentro de sí.

En el último grado de corrupción, la humanidad sólo comprende la materia; entonces el Verbo divino toma un cuerpo de carne para hacerse escuchar en el lenguaje profano como un último eco de la verdad eterna.[6]

---

6. Observemos aquí la vía de los hombres y la de Dios. En Irán domina el idealismo puro: los antiguos persas, según Herodoto, no tenían templos; en la India surge el espiritualismo dogmático, en Egipto el racio-

La historia de los colores simbólicos atestigua este triple origen, ya que cada matiz tiene un significado diferente en cada uno de los tres lenguajes, el divino, el sagrado y el profano.

Sigamos rápidamente la evolución histórica de estos símbolos.

Las tradiciones religiosas más antiguas cuentan que los iraníes asignaban a cada planeta una influencia benéfica o maligna según su color y el grado de luz. En el Génesis, Dios dijo a Noé: «El arcoíris será la señal de la alianza entre la Tierra y yo». En la mitología, Iris es la mensajera de los dioses y de las buenas noticias, y los colores del cinturón de Iris, el arcoíris, son símbolos de la regeneración que supone la alianza de Dios y el hombre.

En Egipto, el vestido de Isis reluce con todos los colores, aparece con todos los matices que brillan en la naturaleza; Osiris, el dios todopoderoso, le da la luz; Isis la modifica y la entrega a los hombres reflejándola. Isis es la Tierra, y su vestido simbólico es el jeroglífico del mundo material y el mundo espiritual.

Los Padres de la Iglesia, esos platónicos del cristianismo, ven en el Antiguo Testamento los símbolos de la nueva alianza; si la religión de Cristo es de Dios, si los hijos de Abraham recibieron la palabra santa, las dos tablas de la ley mosaica y cristiana debían unirse en un pensamiento común. José era un símbolo del Mesías, y su túnica, decorada con los más bellos matices que le dio su padre, fue el emblema de sus atributos divinos, dice San Cirilo.

---

nalismo humano y en Grecia el sensualismo. Así es el avance retrógrado del espíritu humano, mientras que Dios, empezando de nuevo la obra desnaturalizada, devuelve la verdad a los hombres por medio de la vocación de Abraham, por la misión del pueblo israelita; y por medio del cristianismo, revelándose primero a una única familia, pronto inicia a una nación para llamar a él a la humanidad.

Tales eran los símbolos del lenguaje divino cuando nació la lengua sagrada.

Las artes nacieron de la religión. Fue para adornar templos y lugares sagrados que la escultura y la pintura hicieron sus primeros intentos: este hecho se aplica no sólo a la historia de la raza humana, sino que es cierto en el origen de cada pueblo. En los monumentos más antiguos de la India y Egipto, así como en los de la Edad Media, la arquitectura, la estatuaria y la pintura son las expresiones materiales del pensamiento religioso.

La pintura, entre los hindúes, los egipcios y, aún hoy, entre los chinos, tomó sus reglas del culto nacional y las leyes políticas; la más mínima alteración en el diseño o el colorido suponía un grave castigo.

Entre los egipcios, escribe Sinesio, los profetas no permiten a los que funden los metales ni a los escultores representar a los dioses, por miedo a que puedan desviarse de las normas.

«En los templos de Egipto», dice Platón, «nunca permitieron, y siguen sin permitir hoy en día, ni a los pintores ni a los demás artistas que hacen figuras u otras obras semejantes que innoven nada, ni desviarse en modo alguno de lo que han regulado por las leyes del país; y si se quiere prestar atención a esto, encontramos en Egipto obras de pintura y escultura hechas hace diez mil años (cuando digo diez mil años, no es una exageración) que no son más bellas ni menos que las que se hacen hoy».[7]

En Roma, la pena de muerte se imponía a aquel que vendía o vestía una tela de color púrpura.[8] Hoy en día, en China, el que lleva o compra ropa con diseños prohibidos del dragón

---

7. *Las Leyes* de Platón, lib. II.

8. Justiniano, *Cod. Lib. Tit.* 40.

o del fénix, se expone a recibir trescientos bastonazos y tres años de destierro.[9]

El simbolismo explica la severidad de las leyes y costumbres; cada color, cada diseño, se asociaba con una idea religiosa o política: cambiarlo o alterarlo era un delito de apostasía o rebelión.

Los arqueólogos han observado que las pinturas indias, egipcias y las de origen griego, conocidas como etruscas, se componen de tonos planos de un colorido brillante, pero sin tintes planos;[10] tenía que ser así. El arte no sólo hablaba a los ojos de los profanos, era también intérprete y depositario de los misterios sagrados. Dibujar y colorear tenían un significado necesario, tenían que ser claros: la perspectiva, el claroscuro y los medios tonos llevaban a la confusión, eran desconocidos o su manifestación severamente reprimida.

Podríamos decir, sin invocar a ninguna autoridad, que, si el diseño de los jeroglíficos egipcios era simbólico, el color era también simbólico; ¿no ofrecía, de hecho, el medio más directo de llamar y atraer la atención? Incluso hoy en día, ¿no son los grandes coloristas más populares que los grandes dibujantes?

Si nos remontamos a los orígenes de la escritura, vemos que el color fue el primer medio de transmitir el pensamiento y de conservar su memoria. Los quipos del Perú y las cuerdecillas de la China, teñidos de distintos colores, constituían los archivos religiosos, políticos y administrativos de estos pueblos infantiles.[11] Los mexicanos dieron un paso más en el arte de representar el habla, y veremos a los colores desempeñando un papel importante en las pinturas de ese pueblo; los jeroglíficos

---

9. *Código Penal de China*, tomo II, pág. 340.

10. Quatremère de Quincy, *De la arquitectura egipcia*, pág. 167.

11. Véase Garcilaso de la Vega, *Historia de los Incas*, así como el *Chu-King*.

egipcios representaron el apogeo y la culminación de esa escritura simbólica. La lengua profana de los colores fue una degradación de la lengua divina y de la lengua sagrada. Encontramos vestigios de esta lengua entre griegos y romanos. En las representaciones escénicas, los colores tenían su significado. Un curioso pasaje de Pólux[12] da el sentido de esos emblemas empleados en las vestimentas teatrales: en ellos se encuentra todavía la tradición, pero materializada como lo está en nuestros días.

El cristianismo dio nueva energía al lenguaje de los colores e hizo recordar sus significados olvidados; la doctrina enseñada por Cristo, no era nueva, puesto que tomó prestados símbolos de las antiguas religiones. El Hijo de Dios, reconduciendo a los hombres a la verdad, no venía a cambiar la ley, sino a cumplirla; esta ley era el culto al verdadero Dios, revelado originariamente a todos los hombres y conservado en el arca santa del mosaísmo.

Moisés y los profetas citan libros sagrados que no figuran en la Biblia; las *Guerras del Eterno*, las *Profecías* y el *Libro de los justos*[13] habían anunciado, pues, la palabra divina a otras naciones; encontramos prueba manifiesta de ello comparando los monumentos de la Antigüedad con los de la Edad Media.

Los tres lenguajes de los colores, el divino, el sagrado y el profano, se dividen en Europa en las tres clases de la sociedad: el clero, la nobleza y el pueblo.

Las vidrieras de las iglesias cristianas, como las pinturas de Egipto, tienen un doble significado, aparente y oculto; uno es para el vulgo, el otro para las creencias místicas. La época teocrática duró exactamente hasta el Renacimiento, cuando se extinguió el genio simbólico y se olvidó la lengua divina de

---

12. *Julii Pollucis onomasticum,* lib. IV, cap. 18.

13. Véase Números, XXI; Jeremías, XLVIII; 2 Reyes, cap. I, y Josué, X. *Cf.* El discurso preliminar del *Bhagavad Gita,* pág. 15.

los colores. La pintura es un arte y deja de ser una ciencia.[14] Comienza la era aristocrática; el simbolismo, desterrado de la Iglesia, se refugia en la corte; desdeñado por los pintores, es redescubierto en los escudos de armas.

El origen de los escudos de armas se pierde en la noche de los tiempos y parece estar vinculado a los primeros elementos de la escritura; los jeroglíficos egipcios y las pinturas aztecas indicaban el significado de un tema mediante emblemas o armas parlantes.

Las pinturas mexicanas y la explicación que nos ha sido conservada bastan para no tener dudas al respecto.[15] Las representaciones de divinidades indias y egipcias, monstruosos apareamientos de formas humanas y animales, tenían indudablemente un sentido misterioso. En Grecia, el progreso del arte liberó a la estatuaria y a la pintura de estas creaciones híbridas, pero las divinidades se habrían fundido en un mismo tipo. Se les atribuyeron atributos; el escudo de Júpiter era el águila y el rayo; el de Minerva, el olivo y el búho; Venus, la paloma.

La Edad Media renovó las creaciones bizarras de la Alta Antigüedad: en los más antiguos monumentos del arte cristiano aparecen composiciones mixtas; el cristianismo, como el paganismo, sólo pudo esculpir y pintar sus dogmas tomando prestado el lenguaje simbólico. De este modo, la reina Patoja fue representada con una pata de ganso en el portal de varias iglesias francesas.[16]

---

14. Cuanto más se deja notar la influencia del arte en las pinturas de la Edad Media, menos descubrimos en ellas huellas de simbolismo. La Biblia del siglo X que se conserva en la Biblioteca real es uno de los monumentos más curiosos en cuanto al simbolismo, y quizá el más deplorable en cuanto al dibujo.

15. *Compilación* de Thévenot.

16. Bullet, *Mythologie française*, pág. 33.

El escudo de armas de la nobleza fue la única forma que tenían los caballeros vestidos de hierro de identificarse en la batalla. El reino de Granada tenía nueve granadas; el de Galicia, un cáliz, el de León, un león; y el de Castilla, un castillo.[17] Más tarde, el escudo perpetuó en las familias el recuerdo de grandes gestas y hazañas bélicas, pero las más de las veces se olvidó el significado primitivo.

Los colores eran sin duda significativos en estas representaciones en las que todo era un emblema. Los autores del arte heráldico así lo afirman y han conservado para nosotros el significado de los metales y los esmaltes, cuya tradición hacen remontar a los griegos.[18]

Explicaré el simbolismo de estos diferentes colores del blasón: la tradición de la antigüedad permaneció pura durante mucho tiempo y, en algunos monumentos, la lengua sagrada del blasón se utilizó para hacer comprender la lengua divina utilizada en el tema principal, al igual que la escritura fonética encerrada en un cartucho daba el nombre del personaje representado en los anaglifos egipcios.[19]

---

17. Pasquier, pág. 142.

18. Dice Anselmo, en el *Palais de l'Honneur:* «Todos los escudos de armas se diferencian en dos metales, cinco colores y dos pieles. Estos dos metales son el oro y la plata; los cinco colores, azur (azul); gules (rojo); sable (negro); sinople (verde); y pourpre (púrpura); los dos panes o pieles son armiño y vero». En su época, Aristóteles dio nombres a los metales y a los colores según los siete planetas. El oro se llamaba el Sol; la plata la Luna; el azur, Júpiter; los gules, Marte; el sable, Saturno; el sinople, Venus; y el púrpura, Mercurio. Y cada dios se vestía y pintaba con su propio metal y color. (*Cf.* Court de Gébelin, *Monde primitif*, tomo VIII, pág. 200).

19. Explicaré una vidriera en la que los tres lenguajes: divino, sagrada y profano, o religioso, heráldico y popular, repiten el mismo pensamiento.

La galantería de los moros y su mística del amor cerraron la era aristocrática y dieron origen al lenguaje popular de los colores que se ha conservado hasta nuestros días.

El enclaustramiento de las mujeres en Oriente dio nueva importancia a los emblemas de los colores; sustituyeron al lenguaje hablado, del mismo modo que el *selam* o «ramo simbólico» se convirtió en el lenguaje escrito del amor. Entre los árabes, como entre todos los pueblos, este lenguaje tenía un origen religioso. En la antigua Persia, los espíritus o genios tenían flores que les eran consagradas.[20] Esta flora simbólica también se encuentra en la India, Egipto, Grecia y Roma.[21]

El *selam* de los árabes parece haber tomado prestado sus emblemas del lenguaje de los colores; el Corán da la razón mística de ello: «Los colores que la Tierra extiende ante nuestros ojos», dice Mahoma, «son signos manifiestos para los que piensan».[22] Este notable pasaje explica el vestido diáfano que lleva Isis o la Naturaleza, concebido como un vasto jeroglífico. Los colores que brillan sobre la Tierra corresponden a los matices que el vidente percibe en el mundo de los espíritus, donde todo es espiritual y, por tanto, significativo. Éste es, al menos, el origen del simbolismo de los colores en los libros de los profetas y en el Apocalipsis. El Corán reproduce la misma teoría en las visiones y trajes de Mahoma.

---

20. *Boun-Dehesch*, pág. 407.

21. Un sabio alemán nos ha dejado la historia mitológica de las flores en Grecia y Roma (Dierbach, *Flora mytologica, oder Pfanzenkunde in bezung auf Mythologie und Symbolik de Griechen und Rome*). Señalaremos la existencia de estas tradiciones en la Edad Media: su última expresión popular se ha conservado hasta nuestros días, y el autor del lenguaje de las flores ha recogido el significado emblemático de 190 plantas. (Delachenaye, *Abécédaire de Flore ou Langage des fleurs*. Didot l'aîné, 1811).

22. *Corán*, cap. 16.

Los moros de España, materializando estos símbolos, formaron un lenguaje que tenía sus propios principios y su propio diccionario. Un autor moderno ha dado un catálogo de más de sesenta de estos colores emblemáticos y el significado de sus combinaciones.[23] Francia los adoptó y ha conservado vestigios de ellos en el lenguaje popular. El azul sigue siendo el emblema de la fidelidad; el amarillo, de los celos; el rojo, de la crueldad; el blanco, de la inocencia; el negro, de la tristeza y el luto; y el verde, de la esperanza.

Así termina el simbolismo de los colores y, sin embargo, su última expresión materializada sigue siendo testigo de sus nobles orígenes. La pintura moderna conserva la tradición en los cuadros de las iglesias; san Juan lleva un manto verde, al igual que Cristo y la Virgen están vestidos de rojo y azul, y Dios de blanco. El simbolismo, esa antigua ciencia, se convirtió en arte y hoy no es más que una artesanía.

---

23. Gassier, *Histoire de la Chevalerie française*, pág. 351 y ss.

PRINCIPIOS DEL SIMBOLISMO DE LOS COLORES

Antes de intentar restablecer el catálogo de colores simbólicos, es necesario conocer las reglas gramaticales de este lenguaje. Procediendo, por análisis en el curso de esta investigación, tal vez sería difícil comprender la generación de los símbolos si no estuvieran precedidos por la síntesis que domina este sistema.

La física reconoce siete colores, que forman el rayo solar descompuesto por el prisma: violeta, índigo, azul, verde, amarillo, naranja y rojo.

La pintura sólo admite cinco colores primitivos, el primero y el último son rechazados por la física: blanco, amarillo, rojo, azul y negro. Todos los matices se crean combinando estos cinco colores.

Según el simbolismo, dos principios dan origen a todos los colores: la luz y la oscuridad.

La luz está representada por el blanco y la oscuridad por el negro; pero la luz sólo existe a través del fuego, cuyo símbolo es el rojo. Sobre esta base, el simbolismo admite dos colores primitivos, el rojo y el blanco; el negro se consideraba la negación de los colores y se atribuía al espíritu de las tinieblas.

El rojo es el símbolo del amor divino; el blanco, de la sabiduría divina. De estos dos atributos de Dios, el amor y la sabiduría, emana la creación del universo.

Los colores secundarios representan las distintas combinaciones de ambos principios.

El amarillo emana del rojo y el blanco, y es el símbolo de la revelación del amor y la sabiduría de Dios.[1]

El azul emana también del rojo y del blanco; designa la sabiduría divina manifestada por la vida, por el espíritu o soplo de Dios; es el símbolo del espíritu de la verdad.

El verde está formado por la unión del amarillo y del azul; indica la manifestación del amor y de la sabiduría en la acción; era el símbolo de la caridad y de la regeneración del alma por las obras.

Podemos reconocer tres niveles en este sistema:

1.º la existencia en sí misma;

2.º la manifestación de la vida;

3.º el acto resultante.

En el primer grado domina el amor, el deseo o la voluntad, marcados por el rojo y el blanco; en el segundo aparece la inteligencia, la palabra o el verbo, designados por el amarillo y el azul; en el tercero la realización o la acción está simbolizada por el color verde. Estos tres grados, que recuerdan las tres operaciones del entendimiento humano, voluntad, razonamiento y acción, se encuentran también en cada color. Así, un mismo

---

1. El simbolismo no dice que el amarillo esté compuesto de rojo y blanco, ya que estos dos colores juntos forman el rosa; pero el símbolo del amarillo emana del símbolo del rojo y del símbolo del blanco; así, la revelación divina, representada por el amarillo, emana del amor divino y de la sabiduría divina, designados por el rojo y el blanco.

tono indica tres órdenes de ideas según aparezca en el rayo de luz que colorea, en segundo lugar, en los cuerpos translúcidos; y, por último, en los cuerpos opacos.

La pintura no podría reproducir las diferencias que vemos en los monumentos escritos de la antigüedad. Así, las vestiduras de Dios brillan como un relámpago, como la llama del fuego, como un rayo de Sol; es la luz coloreada que revela al profeta el amor y la voluntad de la Divinidad. Las piedras preciosas transparentes forman el segundo grado indicado por la luz reflejada interiormente. Se refieren al interior del hombre o al mundo espiritual. Finalmente, los cuerpos opacos, como las piedras y las vestiduras de lino, que proyectan luz por su superficie, indican el tercer grado o lo natural, que se manifiesta en la acción.

No necesitaremos profundizar mucho más en estas diferencias, pero es necesario señalarlas para comprender el valor absoluto de los símbolos. El blanco, por ejemplo, significa sabiduría en los tres grados; pero, en el primer grado, la luz blanca indicará la sabiduría divina que es la bondad misma; en el segundo grado, el diamante y el cristal serán los símbolos de la sabiduría espiritual, que posee la inteligencia interior de la divinidad; finalmente, en el tercer grado, la piedra blanca y opaca y las vestiduras de lino indicarán la sabiduría natural o la fe externa, que produce las obras.

REGLA DE LAS COMBINACIONES

Después de estos cinco colores vienen los matices compuestos: rosa, púrpura, jacinto, violeta, gris, tostado, etc. Estos matices reciben sus significados de los colores que los componen. El color dominante da al matiz su significado general, y el color dominado lo modifica. Así, el púrpura, que es rojo celeste, significa el amor a la verdad, y el jacinto, que es azul carmesí, representa la verdad del amor. Estos dos significados parecen fundirse en su origen, pero las aplicaciones mostrarán la diferencia entre ellos.

REGLA DE LAS OPOSICIONES

La regla de las oposiciones es común al lenguaje de los colores y a todos los símbolos en general; les atribuye el significado opuesto al que poseen directamente. En el Génesis, la serpiente representa al genio maligno, y los Padres de la Iglesia llaman al Mesías la serpiente buena. En Egipto, el agua era el símbolo de la regeneración, y el mar estaba dedicado a Tifón, el tipo de la degradación moral. Del mismo modo, el rojo significa el amor, el egoísmo y el odio; el verde, la regeneración celestial y la degradación infernal, la sabiduría y la locura. Esta regla, lejos de añadir oscuridad o arbitrariedad a la clasificación de los símbolos, les confiere una energía desconocida para las lenguas vulgares.

El simbolismo de los colores no podía prescindir de este método, y lo ha conservado como una de sus herramientas de gran belleza. El negro, cuando se combina con los demás colores, les confiere el significado opuesto. Símbolo del mal y de la falsedad, el negro no es un color, sino la negación de todos los matices y de lo que representan. Así, el rojo designará el amor divino; unido al negro, será el símbolo del amor infernal, del egoísmo, del odio y de todas las pasiones del hombre degradado.

En el primer capítulo, creo haber establecido suficientemente que los colores eran simbólicos en la Antigüedad y en la Edad Media. En los capítulos siguientes, buscaré este significado en las fuentes religiosas e históricas; espero demostrar que, si los colores eran significativos, representaban las ideas que les he asignado.

En la tercera parte, que constituirá una sección especial, los monumentos pintados confirmarán la teoría y mostrarán sus vastas e ingeniosas aplicaciones.

EL BLANCO

LENGUAJE DIVINO

Dios es la vida, la unidad que abarca el universo; «Yo soy el que soy», dice Jehová. El color blanco debía ser el símbolo de la verdad absoluta, de aquel que es; sólo él refleja todos los rayos de luz; es la unidad de la que emanan los colores primitivos y los mil matices que colorean la naturaleza.

La Sabiduría, dice Salomón, es la emanación radiante de la omnipotencia divina, la pureza de la luz eterna, el espejo sin mancha de las operaciones de Dios y la imagen de su bondad; es una y todo lo puede.[1] Los profetas ven a la divinidad vestida con un manto blanco como la nieve, y sus cabellos son blancos o comparados con la lana pura.[2]

Dios crea el universo por su amor y lo coordina por su sabiduría. En todas las cosmogonías, la sabiduría divina, la luz eterna, doma las tinieblas primordiales y hace nacer el mundo en medio del caos.

---

1. *Liber sapientiae*, cap. VII, 25.
2. Daniel, caps. VII y X.

«En el principio», dice el Génesis, «Dios creó los cielos y la Tierra; la Tierra estaba informe y sin vida, las tinieblas cubrían el abismo y el Espíritu de Dios se cernía sobre las aguas».

Según un oráculo citado por san Justino y Eusebio, los caldeos sostenían la misma doctrina sobre la divinidad que los hebreos.[3] Le llamaban fuego-principio, fuego inteligente, esplendor increado, eterno, expresiones figuradas que también se recogen en los libros bíblicos. Jehová aparece en una zarza ardiente, una columna de luz conduce a los hijos de Jacob por el desierto. El fuego sagrado del tabernáculo es el símbolo de la presencia de Dios en Israel y su trono es el Sol.

El Génesis asigna un imperio distinto a la luz y a las tinieblas.[4] Los antiguos persas vinculaban todas las nociones de belleza y bondad al primer principio, y todas las ideas de maldad y desorden al segundo.

Este dualismo se encuentra en todas las religiones, según una observación de Plutarco,[5] confirmada por los descubrimientos de la ciencia; los persas llamaban a uno Ormuz y al otro, Ahriman.

Ormuz, dice el *Zend-Avesta*, elevado por encima de todo, estaba con la ciencia soberana, con la pureza, en la luz del mundo. Este trono de luz, este lugar habitado por Ormuz es lo que se llama la primera luz. Ahriman estaba en las tinieblas con su ley, y el lugar oscuro en el que moraba es lo que se lla-

---

3. *Par. ad gent. et demonstr. evang.* 3. *Cf.* Batteux, *Histoire des Causes premières*, pág. 29.

4. *Divisit Incem et tenebras.*

5. *Isis y Osiris* (Hay traducción española, Ediciones Obelisco, Barcelona, 2015).

ma la tiniebla primera; estaba solo en medio de ella, él, que es llamado el malvado.[6]

Estos dos principios, aislados en el seno del abismo sin límites, se unieron y crearon el mundo, y desde entonces su poder fue limitado.

Las leyes de Manu enseñan a los indios que este mundo estaba sumido en las tinieblas; entonces, el Señor, existiendo en sí mismo y brillando con el resplandor más puro, apareció y disipó las tinieblas.[7]

El *Poimandrés*, obra que reproduce la doctrina egipcia, independientemente de quién la escribiera, establece el mismo dogma: la luz aparece y disipa las tinieblas, que se transforman en un principio húmedo.[8] En las tradiciones conservadas por los griegos, Osiris es el Dios luminoso; su nombre, según Plutarco, significa «el que tiene muchos ojos»; su cabeza está adornada con tiras centelleantes, sin sombras, sin mezcla de colores. Tifón es el espíritu de las tinieblas; se le identifica con el Ahriman de los persas.

Virgilio, que había sido iniciado en los misterios y que relató la historia en su descripción del infierno, nos dice, según los griegos, que el dios Pan, blanco como la nieve, sedujo a la Luna.[9]

La Luna era el símbolo del principio femenino, de la materia que recibe y refleja la vida como la Luna refleja los rayos del Sol. Entre los egipcios, Isis era la divinidad lunar y la personificación de las aguas primitivas, la noche y el caos.

---

6. *Boun-Dehesch*, págs. 343-344.

7. *Leyes de Manu*, lib. 1, 5 y 6. *Cf. Obras de William Jones*, vol. III, 352.

8. *Poimandrés*, secc. 4.

9. *Georg.*, lib. III, vers. 391.

La mitología griega partió de esta base general y le dio toda su fuerza en los mitos de Júpiter y Plutón. Juan el Lidio atribuía el color blanco a Júpiter, padre de dioses y hombres, mientras que Plutón era el dios de la morada oscura, el Ahriman de Grecia.

Los romanos adoptaron las mismas creencias, y el primer día de enero, el cónsul, vestido con una túnica blanca, subía al Capitolio montado en un caballo blanco para celebrar el triunfo de Júpiter, dios de la luz, sobre los Gigantes, espíritus de las tinieblas.[10]

Las tradiciones orientales pasaron a Egipto, Grecia y Roma, se extendieron por el norte de Asia, invadieron Europa, llegaron a América y reaparecieron en los monumentos de México.

En el Tíbet, como en la India y Java, se utilizan ciertos nombres simbólicos con el valor de los números; el lenguaje de los colores da la razón mística de ello.

En la lengua tibetana, *Hot-Tkar* significa literalmente «luz blanca» y designa simbólicamente la unidad; en la India, *chandra* significa «Luna», y se refiere al número uno, sin duda por el resplandor blanco de este astro, símbolo de la sabiduría divina.[11]

China adoptó la doctrina persa de la lucha entre el genio bueno y el genio malo, la luz y las tinieblas, o el calor y el frío, y la reprodujo con nombres de manera perfecta e imperfecta.[12]

Los escandinavos revivieron este dogma en las Eddas. «En el principio no había ni cielo ni tierra ni aguas, sino el abismo

---

10. Creuzer, *Religions de l'antiquité*, lib. VI, pág. 796.

11. Véase el *Journal asiatique*, julio de 1835, págs. 16 y 26.

12. Yin y Yang, según los eruditos, son los Ormuz y Ahriman de los Libros Zend. *Cf.* Visdelou, *Notice sur l'Y-King*, a continuación del *Chu-King*, págs. 411-413 y 428. Pauthier, *Mémoire sur la doctrine du Tao*, págs. 1-31 y 37.

que se abría; al norte del abismo estaba el mundo de las tinieblas, y al sur el mundo del fuego».[13]

Así, la verdad eterna está inscrita en los códigos sagrados de todos los pueblos; sólo Dios posee existencia en sí mismo, el mundo emana de su pensamiento. El color blanco fue al principio símbolo de la unidad divina; más tarde, designó al buen principio que luchaba contra el malo. Correspondió al cristianismo devolver al dogma y a su símbolo su pureza primitiva, y cuando, en la transfiguración, el rostro de Jesús se volvió brillante como el Sol y sus vestidos blancos como la nieve,[14] los apóstoles vieron aparecer en el Hijo de Dios a la divinidad misma, Jehová.

LENGUAJE SAGRADO

El sacerdocio representa a la divinidad en la Tierra; en todas las religiones, el soberano pontífice llevaba vestiduras blancas, símbolo de la luz increada.

Jehová ordenó a Aarón que no entrara en el santuario si no iba vestido de blanco: «Habla a Aarón, tu hermano», dijo a Moisés, «y que no entre en el santuario en ningún momento, para que no muera; porque yo me mostraré en la nube sobre el propiciatorio, y él se pondrá el manto sagrado de lino, y se ceñirá el cinturón de lino, y llevará la tiara de lino; éstas son las vestiduras sagradas».[15]

Los reyes magos vestían túnicas blancas, alegando que la divinidad sólo se complacía con vestiduras blancas; los caballos

---

13. Ampère, *Littérature et Voyages*, pág. 394. *Finno Magnusen borealium. Myth. lexicon. Edda Antiquior*, pág. 17, y *Edda* de Mallet.

14. Mateo, cap. XVII, 2.

15. Levítico, cap. XVI. *Cf. Cunoeus respub. Hebraor*, lib. II, cap. 1.

blancos se confiaban al Sol, imagen de la luz divina.[16] La túnica blanca regalada por Ormuz, el dios luminoso, sigue siendo el traje característico de los parsis.[17]

En Egipto, la tiara blanca adornaba la cabeza de Osiris; sus ornamentos son blancos como los de Aarón, y los sacerdotes egipcios visten túnicas de lino como los hijos de Leví.[18]

En Grecia, Pitágoras ordenó que los himnos sagrados se cantaran con túnicas blancas; los sacerdotes de Júpiter vestían ropas blancas; en Roma, sólo el *flamen dialis* tenía derecho a llevar la tiara blanca; las víctimas que ofrecía a Júpiter eran blancas;[19] Platón y Cicerón consagraron este color a la divinidad.

Ascendiendo por Asia, el mismo símbolo fue adoptado por los brahmanes. Atravesando la Tartaria, lo volvemos a encontrar entre los escandinavos, los germanos y los celtas.

Plinio cuenta que los druidas vestían ropas blancas y sacrificaban bueyes de este color.[20]

Por último, las pinturas cristianas de la Edad Media representan al Señor vestido de blanco, así como a Jesucristo después de la Resurrección.[21] El jefe de la Iglesia romana, el Papa, lleva la librea de Dios en la Tierra.

En el lenguaje sagrado de la Biblia, las vestiduras blancas son símbolos de la regeneración de las almas y de la recompensa de los elegidos: «El que venza», dice el Apocalipsis, «será vestido de blanco, y no borraré su nombre del Libro de la Vida; el

---

16. *Diog Laert.*, lib. I, pág. 12. Brisson, *De regno Persarum*, lib. II, *initio*. *Pierii Hieroglyp*, lib. XL, cap. 22.

17. Anquetil, *Zend-Avesta*, tomo II, pág. 539.

18. *Apuleii Metamorph,* lib. XI. Herodoto, lib. XI, 37.

19. *Auli Gellii Noctes atticae*, lib. X, cap. XV.

20. *Plinii*, lib. XVI y XXIV.

21. Marcos, cap. XVI, 5; Lucas XXIV, 4; Juan XX, 12.

reino de los cielos pertenece a los que han lavado y blanqueado sus vestiduras con la sangre del Cordero».[22]

A lo largo de la Antigüedad, el blanco se consagró a los muertos y se convirtió en un color de luto; los monumentos de Tebas representan a los espíritus vestidos con túnicas blancas.[23] Según Heródoto, los egipcios enterraban a los muertos con sudarios blancos.[24] Esta práctica se encuentra en Grecia ya en la Antigüedad. Homero la menciona a la muerte de Patroclo.[25] Pitágoras ordenó a sus discípulos que la observaran como buen augurio de inmortalidad.[26] Plutarco recuerda la doctrina de este filósofo y explica este símbolo, que se generalizó en toda Grecia.[27]

---

22. Apocalipsis, cap. III, 4-5; VII, 14; XXII, 14.

23. *Descripción de Egipto*, láminas.

24. Herodoto, lib. II, cap. 81.

25. *Ilíada*, 2

26. (4) Jámblico, *De Vita Pythag.* CLV.

27. ¿Por qué, dice, en la traducción de Amyot, las mujeres de luto llevan también vestidos y tocados blancos? ¿Es para oponerse al infierno y a las tinieblas por lo que se ajustan así al color brillante y resplandeciente? ¿O es porque, como cubren y entierran el cuerpo del muerto con paños blancos, consideran que sus parientes deben llevar también su librea, y visten así el cuerpo, porque no pueden vestir el alma, a la que quieren acompañar reluciente y limpia, como el que ahora está en libertad, y que ha terminado la grande y fatigosa batalla? Por lo tanto, sólo existe el blanco que sea completamente puro, no mezclado, ni manchado con ningún tinte, inimitable, y sin embargo más apropiado y adecuado para aquellos que son enterrados, dado que la persona muerta se ha convertido en simple, pura, libre de cualquier mezcla, incluso del cuerpo, que no es otra cosa que una mancha, una mancha que uno no puede borrar. Del mismo modo, en la ciudad de Argos, cuando están de luto, se visten con túnicas blancas, como dice Sócrates, lavadas en agua clara. (Plutarco, *Les demandes des choses romaines*, pág. 269, ed. infolio).

Pausanias observó la misma costumbre entre los mesenios; enterraban a sus principales figuras con vestiduras blancas coronadas[28]. Este doble símbolo indicaba el triunfo del alma sobre el imperio de las tinieblas.

Los hebreos tenían la misma costumbre;[29] y el evangelista Mateo dice que José, habiendo llevado el cuerpo del Señor, lo envolvió en un sudario blanco.[30] Este ejemplo ofrecido por la divinidad se convirtió en ley de todos los cristianos: el poeta Prudencio constata su existencia en uno de sus himnos, y no ha cambiado hasta nuestros días.

La iniciación o regeneración del alma comenzaba con una imagen de la muerte; los místicos se vestían de blanco, y los neófitos de la Iglesia primitiva llevaban la túnica blanca durante ocho días.[31] Las jóvenes catecúmenas lo llevan todavía hoy, y en los funerales de las vírgenes las colgaduras blancas dan testimonio de su inocencia y de su iniciación celeste.

No tiene sentido continuar la historia de estos ritos en Oriente; baste citar un ejemplo tomado de las costumbres japonesas: el matrimonio se considera en Japón como una nueva existencia para la mujer; muere a su vida pasada para vivir de nuevo en su marido. La cama de la novia se hace con la almohada orientada hacia el norte, como se hace con los muertos; lleva un vestido funerario blanco.[32] Esta ceremonia indica a los padres que acaban de perder a su hija.

---

28. Pausanias, en *Messen*, lib. IV.

29. Buxtorf, *Scol. jud.*, cap. XLIX.

30. Mateo, cap. XXVII, 59.

31. Solerius, *De pileo*.

32. Titsingh, *Ceremonias utilizadas en Japón*.

LENGUAJE PROFANO

Las religiones, impulsadas por su tendencia al materialismo, forman divinidades especiales para cada uno de los atributos de Dios; el paganismo traspasó esta frontera, y las virtudes y los vicios del hombre encontraron sus tipos en los cielos; los griegos y los romanos erigieron altares a la fe y a la verdad.

La fe primitiva se dirigía únicamente a Dios y encontraba su emblema en el blanco, color asignado a la unidad divina; la fe profana, que preside las transacciones humanas, la buena fe conservaba el símbolo de la relación entre el Creador y la criatura.

Numa dedicó un templo a esta virtud divinizada; se la representaba vestida de blanco, con las manos juntas; se le ofrecían sacrificios sin derramamiento de sangre, por sacerdotes o flamines cubiertos con velos blancos, y con las manos envueltas en un paño blanco. Las manos unidas eran un emblema de fe, como puede verse en monumentos antiguos.

El origen de esta divinidad no puede ponerse en duda, teniendo en cuenta la progresiva marcha de la degradación religiosa del dios Fidius, el dios de los contratos, nacido de la prostitución de una bailarina con un sacerdote de Marte Enialio.

La verdad humana, divinizada por griegos y romanos, también tenía ropas blancas.[33] Dando un paso más en la historia del simbolismo de los colores, encontramos en las lenguas populares los vestigios de los lenguajes divinos y sagrados.

La palabra griega *leukos* significa «blanco, feliz, agradable, alegre»; Júpiter tenía el sobrenombre de *Leuceus*; en latín, *candidus*, «blanco, cándido y feliz». Los romanos marcaban los días buenos con tiza y los malos con carbón.[34] La palabra *candidato*

---

33. Philostrate en *Amphiarao*.

34. Persio, *Sátira* V. Horacio, etc.

tiene el mismo origen. En Roma, los que buscaban el favor popular vestían túnicas blancas o blanqueadas con tiza. En alemán, encontramos las palabras *weiss*, «blanco», y *Wissen*, «conocimiento»; *ich Weiss*, «yo sé»; en inglés *white*, «blanco», y *wit*, «espíritu», *wity*, «espiritual», *wisdom*, «sabiduría». Los druidas eran hombres blancos, sabios y eruditos.

Estas etimologías se ven confirmadas por el significado popular del color blanco; los moros utilizaban este emblema para designar la pureza, la sinceridad, la inocencia, la indiferencia, la sencillez y el candor; aplicado a las mujeres, adquiría el significado de la castidad; a las jóvenes, la virginidad; a los jueces, la integridad; a los ricos, la humildad.[35]

El blasón, tomando prestado de este catálogo, estableció que, en los escudos de armas, la plata denotaba blancura, pureza, esperanza, verdad e inocencia; el armiño, que inicialmente era todo blanco, era el emblema de la pureza y de la castidad inmaculada;[36] y tenemos, dice La Mothe-le-Vayer,[37] la blancura de nuestros lirios, así como la de nuestros pañuelos y del cuerno real, por símbolo de pureza, así como de franqueza. El blanco representaba la castidad inmaculada y estaba consagrado a la Virgen; sus altares son blancos y las vestiduras del sacerdote que oficia son blancas, al igual que el clero viste de blanco el día de su fiesta.

Las tradiciones populares y las leyendas antiguas proporcionan una rica cosecha para nuestra investigación; me limitaré

---

35. Gassier, *Histoire de la chevalerie française,* págs. 351-352. Los chinos también atribuyen el blanco a la justicia. (Visdelou, *Notice sur l'Y-King,* a continuación de su *Chu-King,* pág. 428).

36. Anselmo, *Palais de l'Honneur,* págs. 11 y 12. La Colombière, *Science héroïque,* pág. 34.

37. *Opuscules,* pág. 227, edición de París, 1647.

a explicar el significado oculto de algunas piedras fabulosas o simbólicas.

La Biblia ofrece aquí el tipo del lenguaje de los colores en toda su pureza. En el Apocalipsis, Jesús dice: «Al vencedor le daré una piedra blanca en la que estará escrito un nombre nuevo, que sólo conocerá el que lo reciba».[38] La piedra blanca es el emblema de las verdades unidas al bien y confirmadas por las obras.[39] En los sufragios confirmatorios, los antiguos daban piedras blancas. El nombre indica la cualidad de la cosa; un nombre nuevo es una cualidad del bien que aún no existía.

Las maravillosas virtudes que los antiguos atribuían a ciertas piedras preciosas se explican por el mismo principio.

Según la superstición, los diamantes calman la cólera y mantienen unidos a los cónyuges: se les llama *la piedra de la reconciliación*.[40] La sabiduría, la inocencia y la fe, indicadas por la blancura y la pureza de esta piedra, aplacan la ira, sostienen el amor conyugal y reconcilian al hombre con Dios. En el lenguaje iconológico, el diamante es, según Noël, el símbolo de la constancia, la fuerza, la inocencia y otras virtudes heroicas.

Los cuentos populares dicen también que los diamantes engendran otros diamantes. Rueus afirma que una princesa de Luxemburgo tenía una familia hereditaria de ellos. ¿No estamos reconociendo aquí la sabiduría transmitida por nuestros antepasados, que da origen a todas las virtudes?

San Epifanio escribe que el soberano pontífice de Israel llevaba un diamante cuando entraba en el santuario en las tres grandes fiestas del año. Esta piedra brillaba con el fulgor de la nieve, anunciando un acontecimiento feliz; aparecía de color

---

38. Apocalipsis, II, 17.

39. El blanco opaco indica el tercer grado, que es la unión del bien y la verdad en el acto. Véanse los principios.

40. Noël, *Diccionario de la fábula.*

rojo sangre cuando se acercaba la guerra, y negro cuando era inminente un luto general.[41] Aquí encontramos la tradición alterada sobre el Urim y el Tumim, que manifestaba respuestas divinas a través de variaciones de luz.

Los antiguos afirmaban que en el mar Rojo se encontró una piedra preciosa, blanca como la plata y casi como un diamante; su forma era cuadrada como un dado, y Plinio e Isidoro la llamaron Androdamas: calmaba la ira y los movimientos del alma.[42]

Al igual que el color blanco, el cubo era el símbolo de la verdad, la sabiduría y la perfección moral. La Nueva Jerusalén, prometida en el Apocalipsis, es igual de larga, ancha y alta. Esta ciudad mística debe ser considerada como una nueva iglesia donde reinará la sabiduría divina.

Isaías, anunciando la venida del Mesías, dijo: «Morará en lo alto de la piedra sólida, y el agua que de ella mana dará vida». Tomo prestada esta cita de la epístola católica de san Bernabé, que aclara que todas las palabras de la Biblia son simbólicas.

Sería superfluo reproducir aquí la doctrina de Pitágoras sobre los números, doctrina evidentemente tomada de los egipcios, y que coincide, al menos en parte, con el simbolismo de la Biblia. El número cuatro, según este filósofo, es la divinidad misma, la fuente de la naturaleza; el cuatro posee en sí todos los números, del mismo modo que el cubo contiene todas las formas.[43]

La piedra de Isaías, Simón Pedro y la ciudad cúbica del Apocalipsis son un mismo símbolo, que anuncia la iglesia de Dios

---

41. San Epifanio, *De XI gemmis*.

42. *Ilid. orig.* Lib. XVI, cap. 14.

43. Orígenes, *Philosophumena*, pág. 34. Hierocles, *Aurea Carmina*, pág. 219. Sobre esta doctrina, véase *Aufschlûsse zur Magie*, de Eckartshausen, y L. CI. de Saint Martin, *Des Erreurs et de la Vérité*.

en la Tierra y su reino celeste; así es como san Hermas vio en éxtasis una gran piedra cuadrada blanca que podía servir de fundamento a toda la Tierra; era antigua, pero una puerta había abierto su entrada hacía poco tiempo.[44]

El Libro de Ester menciona una piedra llamada *dar*. Los rabinos afirman que se encuentra en el mar y que, cuando se presenta en una fiesta, emite el resplandor del Sol en pleno mediodía. Para adquirirla, los reyes concedían libertad al propietario y le añadían inmensas riquezas.[45] Esta piedra es un nuevo símbolo de la sabiduría; se encuentra como las androdamas en el fondo del mar, y el mar era, entre todos los pueblos, como veremos más adelante, el símbolo de la entrada en la Iglesia, de la iniciación por el bautismo.

Según Plutarco,[46] el arurophylax es una piedra preciosa parecida a la plata; los ricos la compran y la colocan a la entrada de sus tesoros. Cuando llegan los ladrones, esta piedra hace sonar la trompeta, y los criminales, arrastrados por una fuerza irresistible, son lanzados lejos. Por su blancura, la plata es el símbolo de la sabiduría divina, así como el oro es el símbolo del amor divino. El Apocalipsis explica aquí a Plutarco: «Os aconsejo», dice san Juan, «que compréis oro probado en el fuego para enriqueceros, y vestiduras blancas para revestiros, es decir, para adquirir el amor de Dios y la sabiduría. El sonido de la trompeta que hace esta piedra recuerda a las trompetas de plata que sonaban en las fiestas del pueblo judío y las trompetas del Juicio Final». «El Señor Jehovah», dice Zacarías,[47] «hará sonar la

---

44. *El pastor de Hermas*, lib. III, simil. IX, 2-12.

45. Caussin, *Symbolica,* pág. 621.

46. Plutarco, *De Fluminibus.*

47. Zacarías, IX, 14.

trompeta, es decir, manifestará su sabiduría»; habría que ser un necio para tomar estos pasajes al pie de la letra.

Plinio informa de que la piedra llamada chernita es similar al marfil; preserva el cuerpo de toda corrupción; la tumba de Darío se hizo de chernita debido a esta virtud. Entre los egipcios, los espíritus vestían de blanco, como los fantasmas de nuestros cuentos populares. El Apocalipsis promete vestiduras blancas a los que vencen y ya no están sujetos a la muerte segunda, y los sudarios blancos, los sepulcros blancos y el luto blanco dan testimonio del dogma de la inmortalidad del alma.

El marfil era el símbolo de la verdad a causa de su deslumbrante blancura; los sueños verídicos salían del inframundo por la puerta de marfil, y los sueños falsos por la puerta de cuerno.

Por último, la leucas, o piedra blanca, cura el amor,[48] al igual que la sabiduría pone freno a las pasiones. La piedra myndan está rodeada de una blancura nívea; aleja a las bestias feroces y protege a los hombres de sus mordeduras,[49] del mismo modo que la inocencia y la sabiduría alejan los malos pensamientos y evitan sus efectos desastrosos.

El poema de Orfeo sobre las piedras, o el *Perilithon*, ha permanecido hasta nuestros días como un enigma indescifrable; este precioso monumento de la antigüedad está escrito en su totalidad en lenguaje simbólico, y parece ser anterior a los *Himnos* y a las *Argonáuticas* atribuidas al mismo poeta. Orfeo describe en primer lugar las maravillosas propiedades de las dos piedras blancas, el diamante y el cristal, que dan origen a todo bien y a todas las virtudes, del mismo modo que el blanco encierra en sí el principio de todos los colores; el cristal

---

48. Caussin, *Symbolica,* pág. 629.

49. Leont. Bysant, lib. III, *De Fluviis.*

es el autor de la llama,[50] del mismo modo que la sabiduría da origen al amor divino. Con este ejemplo, podemos ver que es imposible comprender un solo pasaje del *Perilithon* antes de conocer el simbolismo de los colores y de las piedras que les corresponden.

El catálogo de colores es muy limitado y, sin embargo, pueden expresar un gran número de ideas al adoptar diferentes significados, según el objeto al que se apliquen. El blanco, símbolo de la divinidad y del sacerdocio, representa la sabiduría divina; aplicado a la joven, denota virginidad; al acusado, inocencia; al juez, justicia, signo característico de pureza; se considera una promesa de esperanza después de la muerte; opuesto al negro, emblema de las tinieblas, del dolor, de las angustias, el blanco es el color festivo con el que se adornan los invitados romanos.

---

50. *Orphei Chrystallus.*

EL AMARILLO

LENGUAJE DIVINO

«En el principio era el Verbo», dice San Juan, «y el Verbo era con Dios, y el Verbo era Dios. Éste era en el principio con Dios. Todas las cosas por él fueron hechas, y sin él nada de lo que ha sido hecho, fue hecho. En él estaba la vida, y la vida era la luz de los hombres. La luz en las tinieblas resplandece, y las tinieblas no prevalecieron contra ella».[1]

Esta luz celeste revelada a los hombres encontró su símbolo natural en la luz que brilla sobre la Tierra; el calor y el resplandor del Sol designaron al amor de Dios, quien anima el corazón, y la sabiduría a la inteligencia. Estos dos atributos de Dios, que se manifiestan en la creación del mundo y de los hombres, parecen inseparables del Sol, del oro y del amarillo. La sabiduría divina tenía el blanco como símbolo, como el amor divino el rojo; el amarillo dorado une a estos dos significados y forma uno solo, pero con el carácter de manifestación y revelación. Esto explica una antigua tradición recogida en el

---

1. San Juan, cap. 1.

41

blasón; los escritores que se ocupan del arte heráldico afirman que el color amarillo es una mezcla de rojo y blanco.[2]

En la Biblia, el Sol representa el amor divino, en oposición a la Luna, símbolo de la sabiduría; lo mismo ocurre con el oro, que indica la bondad de Dios, a diferencia de la plata, emblema de la verdad divina.

El Sol, el oro y el amarillo no son sinónimos, pero marcan grados diferentes que son difíciles de precisar. El Sol natural era el símbolo del Sol espiritual, el oro representaba el Sol natural y el amarillo era el emblema del oro.[3]

Todas las religiones se apoyan en estos símbolos como base de sus dogmas.

En el principio, decían los persas, el Verbo fue creado por la unión del fuego primitivo y del agua primitiva. Ormuz lo pronunció y el líder de las tinieblas fue derrotado; de la santa palabra emana la luz primitiva que, a su vez, crea la luz visible, el agua y el fuego. Honover es la Palabra; en su esencia se fusiona con Ormuz, el dios creador; en segundo grado aparece en la forma del árbol de la vida, Hom; finalmente, en su tercer grado, es el heraldo de la Palabra, y bajo el mismo nombre de Hom o Homanès, fundó el magismo bajo la dirección del gran Shemshid.[4]

---

2. La Colombière, *Ciencia heroica*, págs. 28 y 29.

3. El blasón todavía nos ofrece prueba de ello; La Colombière, observando la relación que existe entre el oro y el amarillo y entre la plata y el blanco, dice que, como el amarillo que proviene del Sol puede considerarse el más elevado de los colores, por lo que el oro es el más noble de los metales; además, dice, los sabios lo llamaban hijo del sol… La plata es para respetar al oro, lo que la Luna es para respetar al Sol; y así como estas dos estrellas ocupan el primer lugar entre los demás planetas, así el oro y la plata sobresalen sobre los demás metales. (*Ciencia heroica*, págs. 30-31).

4. Creuzer, *Religiones de la Antigüedad*, tomo I, págs. 321 y 343. *Vendidad*

Mitra es la personificación sacerdotal de este dogma. La doctrina esotérica veía en él la unidad anterior al dualismo de Ormuz y Ahriman; él era el Eterno mismo, Zervane Akerene, mientras que la creencia popular tendía a identificarlo con el Sol, su símbolo.

Mitra es el pensamiento divino, la Palabra o la palabra de Dios revelada a los habitantes de Persia; fuente de toda luz, el oro y el color amarillo son sus atributos, como los de Apolo.

El primero de los genios celestiales, Mitra, se cría sobre el formidable Albordj, corcel inmortal y vigoroso; el primero, habitó en la Montaña Dorada; con su maza de oro golpea a los espíritus impuros, victorioso, se sienta sobre una alfombra dorada; él mismo es de color dorado.

Mitra sigue siendo el mediador, el ejecutor de la santa palabra; vela por los muertos; es por su influencia celestial que el hombre, elevándose en sus pensamientos, en sus palabras y en sus acciones, no medita el mal. Ayuda al que abandona el mal camino y lo invoca con manos limpias; pesa las acciones de los hombres en el puente de la eternidad que separa el cielo de la Tierra.[5]

Los primeros cristianos, asustados por la perfecta identidad de los símbolos y ceremonias del cristianismo y el mitraísmo, atribuyeron la causa al espíritu de las tinieblas; no acusaron a los seguidores de Mitra de haber tomado prestados sus misterios del culto del Mesías, sabían que la lengua persa era anterior. El Diablo cortó el nudo gordiano,[6] igual que hoy Dupuis

---

Sadé, págs. 138, 140. Aquí encontramos los tres grados que tratamos en el capítulo sobre principios.

5. Zend-Avesta, iescht de Mitra y passim.

6. «Sed quaeritur a quo intellectus intervertatur eorum quae ad haereses faciunt? A diabolo scilicet. Tingit et ipse quosdam, utique credentes et fideles suos, expositionem delictorum de lavacro repromittit, et sic adhuc initiat

corta la dificultad con el culto al Sol. La promesa de un redentor, extendida por todo Oriente, y el genio simbólico que personificaba profecías y dogmas, ofrecen la única solución a este problema.

Zoroastro no fue el inventor de la religión que lleva su nombre, sino el reformador del antiguo culto consagrado al Sol espiritual; su nombre significa «estrella dorada», «brillante», «liberal», «estrella viva».[7] El calificativo de *Zeré* o «dorado», dado también a Hom, el Verbo divino, nos remite a la India, donde encontramos los mismos dogmas.[8]

Según el *Bagavadam,* Vishnu es la primera emanación de Dios; es el Sol espiritual, el pensamiento eterno, el Verbo divino; Dios rebosante de luz, se movía sobre la superficie de las aguas primitivas, de donde tomó el nombre de Narayana.[9] Uno de sus epítetos es el «vestido de amarillo».[10] Vishnu se encarna en Krishna, el Verbo revelado.

Las leyes de Manu atribuyen a Brahma el papel que Vishnu desempeña en el *Bagavadam,* el que sólo la mente puede percibir, habiendo resuelto, en su pensamiento, que las diversas criaturas emanen de su sustancia. Este germen se convirtió en un huevo resplandeciente como el oro, tan brillante como la estrella de los mil rayos, y en el que nació el propio Ser Supremo en forma de Brahma, el antepasado de todos los seres;

Milthrae. Signat illis in frontibus milites snos; celebrat et panis oblationem, et imaginem resurectionis inducit, et sub gladio redimit coronam». (Tertuliano, *De praescriptionibus,* cap. 40).

7. *Zérééhoschtrô,* de *Zéré* que significa «dorado» u «oro» (Anquetil, *Sur le Zend-Avesta,* tomo I, part. 26, pág. 4).

8. *Om,* la trinidad india. *Hom* es de color dorado; quien lo come destruye el mal (*Vehdidat Sadé,* pág. 114).

9. *Bagavadam,* págs. 46, 49 y 62.

10. Paulin, *Systema bramanicum,* pág. 80.

Brahma también se llama *Narayana,* el que se mueve sobre las aguas.[11]

Vishnu, el Ser supremo, y Brahma, su primera manifestación, a menudo parecen fundirse como Dios y el Verbo eterno.

Egipto reproduce el mismo dogma. El *Poimandrés,* cuyo misterioso nombre indica la palabra revelada a los egipcios por Amón o el Verbo, contiene textualmente la doctrina de san Juan. La luz, dice, soy yo, Dios-pensamiento, más antiguo que el principio húmedo que surgió brillantemente del seno de las tinieblas; y el Verbo resplandeciente del pensamiento es el hijo de Dios, y el pensamiento es Dios padre; no están separados, pues su unión es la vida.[12]

Se ha afirmado que esta doctrina fue obra del neoplatonismo. ¿Cómo se consagra entonces en la mitología egipcia? Amón era la luz revelada, el Verbo divino.

Jámblico dice que, en los misterios de Egipto, el Ser Supremo, el Dios de la verdad y de la sabiduría, tomó el nombre de Amón cuando se reveló al mundo en su luz divina.[13]

La revelación personificada y separada de la divinidad por el pensamiento se convirtió en el hijo de Dios; Horus, hijo de Osiris e Isis, nació de la unión del espíritu y la materia, como el Verbo de la religión de los persas, Honover.

---

11. *Leyes de Manu,* lib. 1. *Los dioses de la India,* de William Jones, III, pág. 353. La misma cosmogonía fue adoptada por los tártaros, si no fueron ellos los primeros en poseerla. En principio, dicen, existe un espacio enorme; nubes de color dorado se reunieron allí y vertieron tal abundancia de lluvia que se formó un mar inmenso. (*Histoire des découvertes dans plusieurs contrées de la Russie,* VI, 133).

12. *Poimandrés,* secc. V y VI.

13. Jámblico, *De mysteriis,* pág. 159.

El nombre de Horus u Hor se encuentra en el pasaje del Génesis, donde Dios dice: «La luz será y la luz era».[14] Horus, el Verbo divino, preside la creación del mundo; nace, como Brahma, en el seno de las aguas y en el cáliz de un loto.[15] El nacimiento del Sol se representaba del mismo modo.

El oro se consagraba a Horus, como a Vishnu y Mitra; la similitud entre la palabra latina *aurum*, la francesa *or* y la hebrea *aor*, «luz», así lo indica, y los monumentos lo demuestran.

Vishnu, Mitra, Horus y Apolo son la misma divinidad, representante del mismo dogma. Este mito, surgido de Oriente, se va materializando a medida que avanza hacia Occidente y el sur. En la India, Vishnu es completamente distinto del Sol material o *Surya*, y se identifica con el Sol místico *Om*. En el zoroastrismo, Mitra se asemeja a un culto material, al menos en su forma exterior; en Egipto, los símbolos de Horus son los mismos que los asignados al Sol; por último, en Grecia, Apolo es la personificación de este astro.

El símbolo se convierte en Dios, el pueblo adora al Sol y al ejército celestial, el sabeísmo reina en Oriente; Abraham abandona Caldea, los ídolos se rompen y, sin embargo, los símbolos siguen siendo los mismos. El profeta Habacuc anuncia la venida del Santo: su esplendor, dice, brillará como una luz resplandeciente, saldrán rayos de su mano; ahí es donde se esconde su fuerza.

La mano era el emblema del poder, y los rayos del Sol eran la manifestación del amor y la sabiduría de Dios. Por eso no debe extrañar que los Padres de la Iglesia, siguiendo el ejemplo de los profetas, llamaran a Jesucristo la luz, el Sol y Oriente,[16] y que el

---

14. אור, la luz. Génesis, cap. I, 3.

15. Jablonski, *Panteón de Egipto*, págs. 212 y 260.

16. «*Splendor autem appellatur propter quod manifestat, lumen quia illuminat, lux quia ad veritatem contemplanduam cordis, oculos reserat, sol quia*

oro fuera su símbolo. Es fácil comprender por qué los artistas cristianos dieron a Jesucristo cabellos rubios y dorados, como Apolo,[17] y colocaron la aureola sobre su cabeza, como la de la Virgen y los apóstoles. En Egipto, el círculo de oro representaba el curso del Sol y la finalización del año. El Mesías, el Sol divino, completaba un período religioso y social e inauguraba una nueva era; la aureola era el símbolo natural de un acontecimiento, que tal vez esté reservado a nuestra época para apreciarlo en toda su grandeza.

LENGUAJE SAGRADO

El oro y el amarillo tenían en el lenguaje sagrado un significado especial de revelación por parte del sacerdote, o de doctrina religiosa enseñada en los templos. Este metal y este color representaban la iniciación a los misterios, o la luz revelada a los profanos.

Anubis es la personificación del iniciador egipcio; se le consagró el perro porque este dios era el guardián de la doctrina sagrada encerrada en los santuarios; los monumentos egipcios lo

---

illuminat omnes, oriens quia luminis fons et illustrator est rerum et quod oriri nos faciat ad vitam aeternam». (Isidoro *Orig.* lib. VIII, cap. 2).

17. Eustaquio afirma que el oro estaba consagrado a Apolo, y que ésta es la razón por la que Homero da a este dios un cetro de oro. M. Millien observa que Homero no dice nada sobre la división de los metales entre los dioses (*Mineralogía homérica*, pág. 175). El testimonio del escolástico no es menos válido. Para la atribución del cabello rubio o dorado. Véase Junii, *De pictura veterum*, pág. 243: «La túnica de Apolo es de oro, su broche, su lira, su arco, su carcaj y sus botas son de oro. El oro y la riqueza brillan a su alrededor, como atestigua la Pitia». (Calímaco, *Himno a Apolo*).

representan con cabeza de perro. Y Virgilio y Ovidio le dan el nombre de «ladrador», *latrator*. Sirio, o la estrella-perro, era, según los persas, el centinela del cielo y el guardián de los dioses; los enfermos imploraban su ayuda antes de morir, y daban un poco de comida de su mano al perro que era llevado a su lecho; se decía que el perro era el símbolo de la gran iniciación en los misterios de la muerte.[18]

El color es el hilo de Ariadna que nos guía por el laberinto de las religiones antiguas; según el *Zend-Avesta,* el perro iniciador, que golpea y repele a los espíritus de las tinieblas, tenía los ojos y la mirada de un perro, cejas amarillas y orejas blancas y amarillas.[19] El ojo amarillo era el emblema de la inteligencia iluminada por la revelación; las orejas blancas y amarillas representaban la enseñanza de la santa doctrina, que es la sabiduría divina revelada.

Las estatuas de Anubis eran de oro o doradas; el nombre de esta divinidad, que se encuentra en la lengua copta, también significaba «oro» o «dorado», *Annub.*[20]

Anubis, como personificación de las ciencias humanas, tomó el nombre de Thoth, del que los griegos hicieron Hermes y los romanos Mercurio.

Mercurio Hermanubis es el intérprete y mensajero de los dioses; conduce las sombras al inframundo; una cadena de oro sale de su boca y se sujeta a las orejas de aquellos a quienes quiere conducir; sostiene una vara de oro en la mano; se le representa con la mitad del rostro claro y la otra mitad oscuro, emblemas de la iniciación y de la muerte, en los que se repro-

---

18. Creuzer, *Religions de l'antiquité,* vol. I, pág. 358.

19. *Zend-Avesta. Vendidad sadé,* págs. 332-333.

20. Jablonski, *Anubis,* pág. 19.

duce la lucha entre los dos principios enemigos, la luz y las tinieblas.

El arte griego, esclavo de la belleza de las formas, despojó a Hermanubis de su símbolo característico, la cabeza de perro, pero este animal, separado de la divinidad, conservó sin embargo su significado sagrado; se decía que el templo de Vulcano en el Etna estaba custodiado por perros. Atraían a los hombres virtuosos con sus caricias y despedazaban a los impíos.[21]

Mercurio era la divinidad tutelar de los ladrones; los antiguos veían en este atributo un símbolo de los «ladrones».

Los sacerdotes ocultaban el oro, símbolo de la luz, a los ojos de los profanos.[22]

La fábula de las Hespérides ofrece una prueba más del significado que se daba al oro en los misterios.

«Según Hesíodo, las Hespérides eran las hijas de la Noche, y según Cherécrates, de Forcis y Ceto, divinidades del mar. Juno, al casarse con Júpiter, le regaló manzanos con frutos de oro; estos árboles fueron colocados en el Jardín de las Hespérides, bajo la guardia de un dragón, hijo de la tierra según Pisandro, de Tifón y Equidna según Ferécides. Este horrible dragón tenía cien cabezas. Los manzanos sobre los que mantenía los ojos constantemente abiertos tenían una virtud sorprendente. Fue con una de estas manzanas con la que la discordia dividió a las tres diosas; fue con la misma fruta con la que Hipómenes ablandó a la orgullosa Atalanta. Euristeo ordenó a Hércules

---

21. Esta pureza de estilo se perdió bajo la influencia del gnosticismo, secta que se creía en posesión de los misterios de la antigüedad y que restableció algunos de sus símbolos; Mercurio reaparece con cabeza de perro en el Abraxas (Macario, *Abraxas*, tabula XIII *et passim*. Matter, *Histoire du Gnosticisme*, láminas).

22. «*Illi arcanorum scientiam tribuere. cupientes, furem tradiderunt esse et vafri Mercurii ereœerunt statuam*». (Cornuto, *De Natura Deorum*, pág. 157 B).

que fuera a buscar estas manzanas, y Hércules se dirigió a las ninfas que vivían junto al Eridan para averiguar por ellas dónde estaban las Hespérides: estas ninfas le enviaron de vuelta a Nereo, y Nereo a Prometeo, que le dijo lo que tenía que hacer. Hércules fue a Mauritania, mató al dragón, llevó las manzanas de oro a Euristeo y completó así el duodécimo de sus trabajos».[23]

Las manzanas de oro son los frutos de la inteligencia que nacen del amor de Dios; Juno las ofrece a Júpiter cuando se une a él; se guardan en el jardín de las Hespérides, hijas de las divinidades marinas, es decir en el santuario de los templos, y se confían a los iniciados, hijos de las aguas o del bautismo. El dragón, hijo de las tinieblas, Tifón o la Tierra, es el emblema de los vicios y las pasiones humanas que impiden a los profanos saborear estos frutos espirituales. Hércules, o el neófito, se somete al último de sus trabajos para apoderarse de él. Es devuelto a las ninfas y a las divinidades marinas y finalmente a Prometeo, que lo inicia en los misterios. Prometeo había formado al hombre a partir del lodo de la tierra y lo había animado con fuego robado a los cuerpos celestes. Nereo y Prometeo, o el agua y el fuego, recuerdan el doble bautismo de las antiguas iniciaciones y del cristianismo.

El Sol, el oro y el amarillo eran símbolos de la inteligencia humana, esclarecida o iluminada por la revelación divina. Es en este sentido que el profeta Daniel dice que los inteligentes brillarán con luz, y que los que han dispuesto a otros a la justicia brillarán eternamente como las estrellas.[24] Salomón expresa el mismo pensamiento cuando dice que la cabeza del sabio está

---

23. Noël, *Diccionario de la fábula.*

24. Daniel, cap. XII, 3.

hecha del oro más puro.[25] Jesucristo anuncia que los justos brillarán como el Sol en el reino de su Padre.[26]

En la simbología cristiana, el oro y el amarillo eran emblemas de fe.[27] San Pedro, sostén de la Iglesia y guardián de la santa doctrina, fue representado, por miniaturistas e iluminadores de la Edad Media, vestido con una túnica amarilla dorada y sosteniendo un bastón o llave.[28] Estos atributos eran los de Mercurio Hermanubis. En China, el amarillo es también el símbolo de la fe.[29]

Los antiguos comparaban con el oro lo que consideraban impecable y bello por excelencia; por edad de oro entendían la edad de la virtud y la felicidad, y por versos de oro, según Hierocles, los versos en los que se encerraba la doctrina más pura.[30] Encontramos esta tradición en las leyendas doradas de los santos.

Los alimentos de color amarillo dorado se convirtieron en los emblemas del amor y la sabiduría de Dios que el hombre se apropia o come para hablar el lenguaje simbólico. El poeta divino, Isaías, dice que el que venga a rechazar el mal y elegir el bien comerá mantequilla y miel.[31] Job clama que los malvados no verán las corrientes de mantequilla y miel.[32] En el Cantar de

---

25. «*Caput ejus aurum optimum*». (Cant., cap. V, 11).

26. Mateo, cap. XIII, 43.

27. La Colombière, *Science héroïque*, pág. 34.

28. He visto un gran número de ejemplos que sería demasiado largo enumerar.

29. Visdelou, *Notice sur l'Yi King* a continuación del *Chu-King*, pág. 428.

30. Hierocles, *Comment. in aur. carmini, præm.*

31. «*Butyrum et mel comedet, ut sciat reprobare malum et eligere bonum*». (Isaías, cap. VII, 15).

32. Job, cap. XX, 17.

los Cantares, Salomón se dirige a su esposa mística cuyos labios destilan un panal de miel;[33] así, en la *Ilíada*, de boca del sabio, las palabras de Néstor eran más dulces que la miel.[34]

Píndaro toma prestada la misma imagen cuando dice que los vencedores habitarán una tierra en la que abundará la miel. Virgilio llama «miel» al don celestial que procede del rocío,[35] y el rocío era el emblema de la iniciación.[36] Plinio la llama «el sudor del cielo», «la saliva de las estrellas».[37] Símbolo de la revelación divina, se convirtió en el de la inspiración sagrada y poética; las *melisses* o abejas eran las mujeres inspiradas que profetizaban en los templos de Grecia; las leyendas populares cuentan que las abejas se posaron en los labios de Platón en la cuna, y que Píndaro, de niño expuesto en el bosque, se alimentaba de miel.

Los primeros cristianos y los seguidores de Mitra daban a probar la miel a los místicos y les hacían lavarse las manos con miel.[38] Por último, las tortas de miel se ofrecían en los sacrificios de la mayoría de los pueblos antiguos.

La dulzura de este alimento fue sin duda una de las razones de la atribución simbólica, pero el color fue la base principal; Ovidio, queriendo expresar que la sabiduría ilumina al entendimiento, da a Minerva el epíteto de amarilla, *flava Minerva*.[39] Por otra parte, los alimentos malsanos y salvajes, con su

---

33. Cant, cap. IV, 11

34. Iliados, A 249.

35. *Georg*. IV, 1.

36. *Véase* el capítulo dedicado al color rosa.

37. Plinio, lib. XI, cap. 12. *Cf. Theophrasti Eresii opera*, pág. 296.

38. *Explicación de varios monumentos singulares*.

39. *Ovidii Metamorph et Amor*. Este tono era de aguamiel, («*mella flava*», dice Marcial, lib. I, 56), o amarillo dorado.

color dorado, adquirían un significado opuesto. El precursor del Mesías vino a anunciar una nueva revelación en un momento en que la antigua había sido olvidada o ignorada, y en el desierto se alimentó de langostas y miel silvestre. Éste es el primer ejemplo de la regla de los opuestos.

En el sentido celeste, la luz, el oro y el amarillo marcan el amor divino que ilumina la inteligencia humana; en el sentido infernal, denotan el egoísmo orgulloso que sólo busca la sabiduría en sí mismo, que se convierte en su propia divinidad, su principio y su fin.

Según san Pablo, Satanás se transforma en ángel de luz.[40] Jesucristo dijo: «Cuidado, no sea que la luz que hay en vosotros se convierta en tinieblas».[41] En este estado de separación de Dios y de aislamiento, el hombre comete *adulterio;* contamina su alma con un amor terrenal que debía devolver puro a su Creador. En el simbolismo de la Biblia, Sodoma es la figura de esta degradación que, en sus alcances más lejanos, desemboca en crímenes infames. El azufre representa la misma idea, por su color y su combustión, que produce un humo sofocante.[42]

La lluvia de azufre que consume Sodoma es una poderosa imagen de las pasiones depravadas que devoran los corazones de los impíos y embotan sus mentes. El día que Lot salió de Sodoma, dice Jesucristo, una lluvia de fuego y azufre consumió Sodoma.

El azufre cayó del cielo y los hizo perecer a todos; así sucederá el día en que aparezca el Hijo del Hombre. «Quien pretenda

---

40. Segunda Epístola a los Corintios, 14.

41. Lucas, XI, 35.

42. A propósito del símbolo del humo, *véase* el capítulo sobre el color bronceado.

salvar su vida, la perderá; y quien pierda su vida, la salvará».[43] Así, cuando las pasiones humanas hayan degradado las creencias religiosas, la divinidad volverá a manifestarse en la Tierra; quienes se aferren a la vida terrena perderán la vida eterna, la vida del alma, y quienes renuncien a la existencia mundana salvarán su existencia espiritual.

El significado que doy a la palabra *azufre* es absoluto, y no recibe excepción en la Biblia: «La luz de los malvados», dice Job, «se extinguirá, y su fuego no alumbrará; la luz que iluminaba sus casas se oscurecerá y su lámpara se apagará; Dios derramará *azufre* sobre el lugar donde hicieron su morada; serán expulsados de la luz a las tinieblas; serán desterrados del mundo».[44] El salmista, los profetas y el Apocalipsis confirman el significado de este símbolo.

Por último, el azufre se utilizaba en el paganismo para purificar a los culpables,[45] porque era el símbolo de la culpa.

LENGUAJE PROFANO

Las lenguas divinas y sagradas utilizaban el oro y el amarillo para designar la unión del alma con Dios, y el adulterio espiritual en contraste. En el lenguaje profano, este emblema materializado representa el amor legítimo y el adulterio carnal, que rompe los lazos del matrimonio.

Jesucristo dice que el divorcio sólo está permitido en caso de adulterio, y encontramos en esta ley humana la imagen de la ley divina, donde el hombre sólo está separado de su Creador

---

43. Lucas, XVII.

44. Job, XVIII.

45. Noël, *Diccionario de la fábula*, en la palabra «Soplo».

por el egoísmo, ya que está eternamente unido a él por el amor y la caridad.

Para los griegos, la manzana de oro era el emblema del amor y de la armonía, y, por el contrario, denotaba la discordia y todos los males que siguen su estela;[46] el juicio de Paris es una prueba de ello. Del mismo modo, Atalanta, al recoger las manzanas de oro en el Jardín de las Hespérides, es derrotada en la carrera y se convierte en el premio de la victoria.

El simbolismo de la Edad Media conservó con pureza las tradiciones del color amarillo; los moros distinguían los dos símbolos opuestos por dos tonos diferentes; el amarillo dorado significaba *sabiduría* y *buenos consejos*, y el amarillo pálido, *traición* y *engaño*.[47]

Los rabinos afirman que el fruto del árbol prohibido era un limón,[48] por el contraste entre su color pálido y su acidez y el color dorado y la dulzura de la naranja, o manzana de oro, según la expresión latina.

En el blasón, el oro es el emblema del amor, la constancia y la sabiduría,[49] mientras que el amarillo, por el contrario, sigue denotando inconstancia, celos y adulterio.

---

46. Creuzer, *Religions de l'Antiquité*, tomo II, 2.ª parte, cap. Afrodita, pág. 660.

47. Gassier, *De la Chevalerie*.

48. Ferarii, *Hesperides, Sive de malorum aureorum*, pág. 39.

49. Anselmo, *Palais de l'Honneur*, pág. 11; Bonifacio, *Historia ludicra*, lib. I, cap. XI. La Colombière, en su *Traité du Blason*, dice que el oro se corresponde con el Sol y el corazón, y que la misma relación existe entre la plata, la Luna y el cerebro. Se trata de un pasaje curioso, ya que proporciona el significado simbólico del blanco y el amarillo durante la Edad Media. El amarillo o el oro, correspondientes al corazón, significaban el amor; el blanco o la plata, emblemáticos del cerebro, significaban la sabiduría; el Sol y la Luna, el oro y la plata, el corazón y el cerebro, conservan aquí las atribuciones simbólicas transmitidas desde la Antigüe-

En varios países, la ley ordenaba a los judíos vestirse de amarillo porque habían traicionado al Señor; en Francia, las puertas de los traidores se embadurnaban de amarillo; bajo Francisco I, Carlos de Borbón fue embadurnado de amarillo por el delito de felonía.[50] En las vidrieras de la iglesia de Ceffonds, en Champaña, que datan del siglo XVI, Judas está vestido de amarillo.

En España, la ropa del verdugo debía ser roja o amarilla; el amarillo indicaba la traición del culpable y el rojo, su castigo.

Ahora es fácil, con la comprensión de estos primeros colores, entender el significado de las cuatro edades, representadas por cuatro metales: la edad de oro, la edad de plata, la edad de bronce y la edad de hierro.

El oro es el símbolo del amor divino revelado a los hombres; la plata, con su color blanco, designa la sabiduría divina; el bronce o el cobre, falso oro, denota el amor degradado o la religión materializada;[51] el hierro, con su color gris oscuro,

---

dad (*Science héroïque*, pág. 31). El oro en los escudos de armas, dice el mismo autor, significa las virtudes cristianas, la fe; las cualidades mundanas, el amor y la constancia; las piedras preciosas, el carbunclo; los cuatro elementos, el fuego; las complexiones humanas, la sanguínea; los días de la semana, el domingo (Ibíd. pág. 34). El carbunclo y el fuego estaban en correspondencia simbólica con el amarillo, ya que este color, según La Colombière, está compuesto de rojo y blanco (pág. 28).

50. La Mothe-le-Vayer, *Opuscules*, pág. 240.

51. El Latón, en la Biblia, representa el último grado o lo natural: aplicado al hombre, indica el cuerpo; aplicado a la religión, significa la letra que es el cuerpo del espíritu. La adoración de la letra es el último término de todas las religiones; así el simbolismo creó el paganismo. El mosaicismo pereció de la misma manera. «La letra mata», dice el Evangelio, «y el espíritu da vida». Si Juan, en el *Apocalipsis*, ve a Jesucristo con los pies como latón fino, cuando está en un horno de fuego (Apoc I, 15), Martianus Capella dice que el Dios Sol, es decir el Sol místico, tenía un zapato de latón fino (véase la erudita y bella obra de Richer, *De la Nou-*

indica la sabiduría pervertida y la verdad mal entendida.[52] Esto explica la estatua descrita en el Libro de Daniel: su cabeza era de oro purísimo, su pecho y sus brazos de plata, su vientre y sus muslos de bronce, y sus pies de arcilla y hierro.[53] Si aplicásemos esta antigua tradición a la historia de la humanidad, encontraríamos, hasta el cristianismo, cuatro períodos religiosos correspondientes al significado de los cuatro metales; esta investigación requeriría un estudio especial, pero es fácil ver la existencia de la ley universal en la historia de cada religión.

Una nueva revelación divina está marcada primero por el amor que crea a los mártires; a este período sagrado le sigue la sabiduría divina, una era sagrada en la que nacen Hermes en Egipto, los profetas en Israel, los Padres de la Iglesia en el cristianismo; la era profana, la edad de bronce, materializa el culto, aumenta la idolatría, extiende sus raíces y ahoga a la verdad. Aparece la edad de hierro, la edad de la disolución, aparece la sabiduría humana, que sólo busca la luz en sí misma, se burla de la fe alterada, examina las creencias sólo en su degradación y socava los pies de hierro y arcilla del coloso que cae y se rompe.

---

velle Jérusalem, tomo II, pág. 149). En el paganismo, los instrumentos religiosos eran generalmente de bronce, como señala Millin en su *Minéralogie homérique* (pág. 141). Servins dice que este metal es más agradable a los dioses (*In Eneid.* I). Los instrumentos del culto mosaico eran todos de bronce (Basnage, II, 295), porque representaban la religión en su último grado, en el culto material. Del mismo modo, el mar de bronce y el altar de bronce de los holocaustos significaban el estado natural del hombre, que debía ser purificado por el agua y regenerado por el sacrificio de las pasiones representadas por las víctimas ofrecidas.

52. «El umbral del Infierno es de bronce», dice Homero, «y las puertas son de hierro». (*Ilíada*, VIII, 15).

53. Daniel, 11, 31.

La historia de las religiones y de las escuelas filosóficas no entra en el plan de este trabajo; pero no puedo evitar echar una ojeada al paganismo, y encontrar, en los sofistas del siglo XVIII, la degradante filosofía de los últimos tiempos de Grecia y Roma.

A la época de la disolución y del aniquilamiento sucedió una nueva era religiosa, una nueva edad de oro; la sociedad, que se extinguía, lo anunció a las generaciones futuras; la voz profética de Roma resonó en los versos inmortales de Virgilio, y hoy, la expectación universal vibra en los cantos del poeta moderno.[54]

---

54. «¡Despiértanos, gran Dios! Habla, y cambia el mundo; que tu palabra fecunda se oiga en el vacío, ¡es hora! ¡Levántate! Sal de este largo reposo; saca otro universo de este otro caos». (Lamartine, *Méditations religieuses*).

EL ROJO

LENGUAJE DIVINO

El blanco es el símbolo de Dios, el oro y el amarillo indican la Palabra o revelación, y el rojo y el azul la santificación o Espíritu Santo.

En su unidad, Dios crea el universo; como hijo de Dios, se revela a los hombres; como Espíritu Santo, los regenera por el amor y la verdad; es en este sentido que san Cirilo lo llama fruto de la esencia divina.[1] El Espíritu Santo es Dios que se manifiesta en el corazón e ilumina a los fieles; es el amor que procede del creador, el bautismo del fuego y del espíritu, del amor y de la verdad.

De estos principios se desprende una singular interpretación de los libros sagrados de los pueblos antiguos. Tanto en las cosmogonías paganas, como en el Génesis, el mundo es creado por el Espíritu de Dios, el Espíritu Santo o el Santo Espíritu.

Puesto que el Espíritu Santo es la santificación del hombre por Dios, se deduce que estas cosmogonías son el símbolo de la formación del universo y tratan de la regeneración del hombre.

---

1. *Cyrilli Thesauri*, lib. XIII, cap. 3.

Este hecho queda confirmado por la iniciación en los misterios, cuyo objetivo era el nacimiento espiritual del neófito y cuyos ritos representaban la creación del mundo. Otra prueba es la frecuente comparación entre el mundo y el hombre, el macrocosmos y el microcosmos, que es su imagen.

La doctrina que aquí expongo fue vislumbrada por Pico della Mirandola[2] y plenamente confirmada por Swedenborg en los *Arcanos Celestes*. Los nombres mitológicos de los días de la semana y la atribución de colores a los planetas son otras tantas pruebas de ello, que se desarrollarán en la explicación de los monumentos.

El Espíritu Santo es Dios que se manifiesta en su Iglesia y en el hombre regenerado: aquí el Evangelio encuentra confirmación en las tradiciones sagradas de los pueblos más antiguos.

Si es cierto, como indican los modernos descubrimientos arqueológicos, que el género humano descendió de la meseta del Asia Central, es posible que la religión de Buda conserve todavía algunos de los dogmas del culto primitivo. Los numerosos puntos de semejanza que existen entre el cristianismo y el budismo son prueba de ello en nuestro sistema.

Buda no es el nombre de un hombre, sino Dios mismo revelándose al mundo por medio de figuras sagradas que asimilaron e identificaron su esencia y tomaron su nombre. Shakia-Muni, llamado Buda en la India y Fo en China, no es el fundador de este culto, sino el séptimo reformador o profeta budista.[3]

La unidad trina o trinidad divina es el dogma fundamental del budismo; el nombre de esta tríada es Om, como en el brahmanismo.

---

2. *Pici Mirandulae, Heptaplus de opere sec dierum Geneseos.*

3. Abel Remusat, *De la Triade suprême chez les bouddhistes*, págs. 25-26.

Buda es el Ser supremo, Dharma la ley y Sanga la unión: estos tres seres son uno.

En la doctrina interna, Buda producía la ley, el uno y la otra, juntos, constituían la unión, el vínculo de muchos. En la doctrina pública, estos tres términos siguen siendo Buda o inteligencia, ley y unión, pero considerados en su manifestación externa: inteligencia en los Budas que han habido, ley en la escritura revelada, y unión o multiplicidad en la reunión de los fieles o asamblea de los sacerdotes (*ecclesia*).

El Sr. Abel Remusat reúne esta doctrina en estas dos tablas:

DOCTRINA INTERIOR O TEOLÓGICA
El INTELIGENTE. EL LOGOS O EL VERBO. LA UNIÓN
*
DOCTRINA EXTERNA O EL CULTO
BUDA. LA REVELACIÓN. LA IGLESIA

El erudito de quien he tomado prestados estos preciosos documentos añade que los chinos consideran a Fo, la ley y la unión como consustanciales y de naturaleza trisubstancial.

Sanga o el Espíritu Santo procede de Dios y del Verbo, y este dogma se encuentra de nuevo en el cristianismo; Sanga es la unión del hombre con Dios, y el Espíritu Santo en el Evangelio es el amor y la verdad de Dios calentando los corazones e iluminando las mentes de los apóstoles; en el sentido más íntimo, el Verbo es el creador y el Espíritu Santo el regenerador; todos los seres emanan del seno de la divinidad a través del Verbo; pero sólo el hombre, animado por el Espíritu Santo, transfiere a su creador el amor que le dio la vida.

Los libros sagrados de la India reproducen esta doctrina primitiva y cristiana. Según el *Yajur-Veda*, cuando hemos alcanzado el cielo por medio del fuego celeste, el fuego supremo, los habitantes de esos altos lugares saborean el fruto de la inmortalidad. Este fuego celeste es el espíritu incorporado que reposa en la caverna del centro del corazón; es el fundamento del universo; es aquel a través del cual adquirimos el mundo ilimitado; es el principio del origen de los mundos. El fuego de los sacrificios es el símbolo de este fuego celeste.[4] Es imposible ignorar aquí al Sanga de los budistas y al Espíritu Santo de los cristianos, creador del universo y regenerador del hombre por el amor y la verdad. El fuego y el éter son símbolos del espíritu incorporado,[5] así como los colores rojo y azul están asignados a las divinidades cosmogónicas Vishnu y Brahma.

Esta doctrina asombrosamente pura se tradujo en símbolos idénticos en el Génesis. Jehová Dios formó al hombre del polvo de la tierra y sopló en su nariz espíritu de vida, y fue hecho alma viviente. El espíritu de vida es el amor y la verdad divinos o fe; el hombre fue creado, pues, por el Espíritu Santo o por el amor y la verdad; la humanidad es el receptáculo del amor divino y su nombre hebreo significa «rojo», Adán.[6]

---

4. *Nathaka-Upanishad*, extracto del *Yajur-Veda*, traducido por Poley.

5. La obra de Colebrooke sobre la filosofía hindú da detalles curiosos de este dogma. En un pasaje en el que se describe el ventrículo más pequeño del corazón, se dice: «En esta morada de Brahma hay un pequeño loto, morada en la que hay una pequeña cavidad ocupada por el éter… es el Ser Supremo el que está aquí designado». «Una persona no mayor que una pulgada mora en el medio de sí mismo; la persona no mayor que una pulgada es clara como una llama sin humo; es dueña del pasado, del presente y del futuro». (Colebroocke, *Philosophie des Hindous*, págs. 170-171). Brahma, el creador del mundo, nace en el seno de un loto, y este loto está en el corazón; aparece como fuego y como éter, símbolo del Espíritu Santo en su doble atributo de amor y de sabiduría.

6. אדם (Adán), el hombre de אדם se sonrojó, o más bien, אדם de lo que la *Septuaginta* traduce por πυρρός, «color de fuego». «*Adam, sicut beatus Hieronymus tradidit, homo Sive terrenus: Sive terra rubra interpretatur*». (*Isidori Originum liber* VII, cap. VI).

En la Biblia, el viento, el aire, el éter y su color, el azul, son símbolos del espíritu de la verdad; el fuego y su color, el rojo, representan el amor divino. El soplo de Dios se cernía sobre el caos. «El Verbo de Jehová creó los cielos», dice el profeta rey, «y todo su ejército por el espíritu o inspiración de su boca».[7] Al Ungido del Señor se le llama espíritu de las narices, porque es la verdad eterna; sopla sobre sus discípulos y les dice: «Recibid el Espíritu Santo»,[8] es decir, la verdad por el amor. Cuando el Espíritu Santo descendió sobre los apóstoles, de repente se oyó un gran estruendo, como un viento violento e impetuoso que venía del cielo y llenaba toda la casa donde estaban sentados. Al mismo tiempo vieron aparecer lenguas de fuego que se repartieron y se posaron sobre cada uno de ellos.[9]

La gran antigüedad de los libros sagrados puede reconocerse por su parecido de familia; todos están animados por el mismo pensamiento espiritual, aunque en formas simbólicas diferentes. El *Poimandrés* nos ayudará a comprender la doctrina secreta de estos antiguos códigos y quizá nos permita entender algunos de los jeroglíficos.

Hermes, sumido en el éxtasis, ve aparecer a Amón o el Verbo divino: «Soy», dice Poimandrés «el pensamiento de lo autoexistente; sé lo que quieres y estoy en todas partes contigo». «Deseo», responde Hermes, «aprender lo que es, comprender la naturaleza de las cosas y conocer a Dios». Entonces, tiene lugar en la mente del profeta egipcio el misterio de la creación del mundo, y dice: «Todas las cosas se volvieron luz y en mi admiración ardí de amor; las terribles y odiosas tinieblas se abismaron y me pareció que se metamorfoseaban en un princi-

---

7. Salmos, XXXIII, 6.

8. Juan, XX, 22.

9. Hechos de los Apóstoles, cap. II.

pio humano; agitadas, escupían humo como fuego y de su seno se elevaba un sonido lastimero e inefable. Me pareció oír la voz de la luz.[10] La tierra y el agua se confundían; la tierra no aparecía pues estaba cubierta por el principio húmedo. La Palabra espiritual se cernía sobre esta naturaleza y la movía».

Poimandrés me dijo: «¿Comprendes esta visión? La luz soy yo, tu Dios pensamiento, más antiguo que la naturaleza húmeda que brillaba en el seno de las tinieblas, y el Verbo resplandeciente del pensamiento es el Hijo de Dios». «¿Y qué resulta de ello?», dije. «*Conoce que lo que en ti ve y oye es el Verbo del Señor*.[11] Pero el pensamiento es Dios Padre; no están separados, pues su unión es vida».

La creación del mundo es, pues, la imagen de la regeneración; la inteligencia del hombre es una emanación de Dios en quien tenemos vida, movimiento y ser.[12] El Espíritu Santo es el vínculo que une a la criatura con el Creador. «El pensamiento –añade Hermes– es el Dios andrógino; pues es vida y luz; como demiurgo o creador, produjo por su verbo el otro pensamiento operativo que es Dios del fuego y del espíritu o aliento».[13]

El calor y la luz, símbolos del amor y la sabiduría de Dios, eran los dos principios masculino y femenino; la doctrina del *Poimandrés* explica por qué el Dios egipcio Kneph, o el Eterno, era andrógino.[14] Júpiter, según Orfeo, es el esposo, y la nin-

---

10. Escucha la voz del fuego, dice Zoroastro: Κλύθι τηνφωνήν (*Oracula Magica Zaroastri*).

11. Ούτω Ύντπθ τό ϛν σοι βλέπον χαι αχούον, λόγος χυρίον. *Poimandrés*, cap. I, S 6.

12. Hechos de los Apóstoles, cap. XVII, 28.

13. Ηνεύματος, *Poimandrés*, cap. I, 9.

14. Plutarco, *Isis y Osiris*.

fa inmortal y Mitra también parece haber sido una divinidad masculina y femenina.[15] Según la tradición rabínica, Adán fue creado hombre y mujer.[16] El amor y la sabiduría existían juntos en él.

Según Poimandrés, el nacimiento del mundo se parece en todo al Génesis de Moisés. Dios crea al hombre por su palabra y lo regenera por su Espíritu Santo, que es amor y verdad, y cuyo doble símbolo es el fuego y el aire, y en el lenguaje de los colores el rojo y el azul.

Esta doctrina domina todos los libros bíblicos: olvidada por los hebreos, que sólo entendían la letra muerta de la palabra. Pero fue sacada de nuevo a la luz por el Mesías. También constituyó la base de la teología egipcia, y los jeroglíficos muestran su existencia en el frontón de todos los templos.

Un erudito inglés ha establecido que la trinidad egipcia estaba representada por un globo, una serpiente y un ala. El globo era el emblema de Dios porque su centro está en todas partes y su circunferencia no puede ser medida; la serpiente simbolizaba la eternidad y al mismo tiempo la sabiduría; el ala era el símbolo del aire o del espíritu.[17]

Estudiaremos más adelante el símbolo de la serpiente y reconoceremos que representaba al Verbo, «la serpiente buena Meissi», según la expresión de Horapolo.

En un monumento de Tebas, grabado y coloreado en la *Description de l'Egypte*,[18] el globo es rojo, las dos serpientes doradas y las alas rojas y azur; el espacio entre las dos serpientes

15. Creuzer, *Religions de l'antiquité. Cf. A turre de Mithra*, pág. 175.

16. *Othouis lexicon rabbinico-phil., verbo* ADAM.

17. Véase de Marles (*Histoire générale de l'Inde*, tomo II, pág. 81), que toma prestada esta cita de Thomas Maurice.

18. Tomo III, plancha 34.

está relleno de un tinte verde; el rojo es el símbolo del amor divino, el oro o amarillo dorado indica el Verbo, la revelación; el azur, el aire o soplo divino; el verde era la última esfera divina, que volvemos a encontrar en el arcoíris verde del Apocalipsis.

La traducción de este jeroglífico se hace fácil; Dios, en su unidad que hace arder el universo, es amor, se revela por la bondad y la sabiduría, significadas por el oro y las dos serpientes; llama a la creación a su seno por la verdad y el amor designados por las dos alas y por su color rojo y azul.

Cualesquiera que sean los prejuicios establecidos, debo informar aquí de la opinión de un erudito, una opinión que él ofreció sólo como conjetura y que aquí adquiere un alto grado de certeza. «Es Iso, es Jesús, salvador del mundo y Sol de justicia, a quien los egipcios representaban en todas las puertas de sus templos. Y el significado de este símbolo era por tanto el que nos transmitió Malaquías. El Sol de justicia ha salido (o saldrá) para ti, tu salvación está bajo la sombra de sus alas».[19]

Esta comparación parecerá sin duda extraña a quienes olviden que el Mesías es llamado por los Padres de la Iglesia el sol y la serpiente buena; que el Espíritu Santo descendió sobre el ungido del Señor, en forma de paloma, y que, finalmente, el globo, la serpiente y las alas tienen precisamente el mismo significado en los monumentos de la Edad Media que en los templos de Tebas.[20] Los cristianos verán aquí la confirmación de las profecías y de la verdad del cristianismo, de esta religión divina que no fue anunciada sólo a una casta aislada y olvidada por el mundo, sino que apareció precedida por la expectación del universo.

---

19. Lacour, *Essai sur les hiéroglyphes*, pág. 98. *Cf.* Junker, *Des ailes et des divinités ailées*.

20. El ala es el poder del ave, como el brazo es el poder del hombre; el Espíritu Santo es el poder de Dios, y tenía el ala como símbolo.

Los jeroglíficos reproducen la doctrina del *Poimandrés*; las leyendas sagradas recogidas por los autores griegos sobre la trinidad egipcia confirman este dogma y le dan el carácter último de autenticidad.

El Dios eterno, principio de toda existencia, era venerado bajo el nombre de Kneph; los habitantes de la Tebaida, según Plutarco,[21] sólo conocían al principio a este dios y no admiraban a ninguna divinidad mortal; más tarde la ley general alcanzó a esta religión y, como todas las demás, se hundió en el fetichismo. De la boca de Kneph salió el huevo del mundo, pues Dios había creado el universo por su palabra; de este huevo primitivo nació el tercer principio, el fuego venerado bajo el nombre de Ptah.[22] Kneph y Ptah eran la misma divinidad, venerada en su triple esencia bajo tres atributos.

Jámblico, en su tratado sobre los misterios de Egipto, explica esta tríada sagrada. El primer principio, guardián de la sabiduría y de la verdad, se llamaba Amón cuando se revelaba por la luz, y Ptah cuando completaba la creación por el fuego.[23] Este pasaje es un comentario sobre la doctrina de Hermes Trismegisto; añadamos que Kneph, como espíritu extendido por toda la naturaleza, estaba pintado de azur, y como salvador de los hombres aparecía bajo la forma de la serpiente Cnuphis, que tenía un templo en la isla de Elefantina.[24]

Las antiguas creencias de Persia se identifican con el dogma indio, egipcio y hebreo. Según Zoroastro, el tiempo sin límites, el primer principio, crea la luz primitiva y el fuego inmaterial.

---

21. Plutarco, *Isis y Osiris.*

22. *Eusebii Præp. Evang.*, lib. III, cap. XI, pág. 115.

23. Jámblico, *de Mysteriis*, pág. 159.

24. Jablonski, *Pantheon aegypt.*, lib. I, cap. IX, pág. 87.

La palabra o segundo principio es el alma de Ormuz; él la pronunció, y todos los seres puros, pasados, presentes y futuros, fueron creados; esta palabra es *Yo soy*.[25]

El fuego es el principio de unión entre Ormuz y el Ser absorbido en la excelencia, es la vida del alma; en forma de viento es el aliento de Ormuz. ¿Cuál era este dogma? El autor de la *Vendidad-Sadé* responde que tiene la discreción de no explicarlo.[26]

La teogonía de Sankoniatón parece seguir el modelo de los dogmas que acabamos de describir: el deseo o el amor es el Dios que creó el universo; resplandeciente de luz, se une a las tinieblas; a su voz el aire se enciende, relampaguea, estalla el rayo y los animales despiertan del sueño de la muerte, agitándose en la tierra, en el aire y en las aguas.[27]

Según Evandro, esta inscripción existía en una columna egipcia, «A la Noche y al Día y al padre de todo lo que es y será, *al Amor*».[28] No importa si esta columna fue erigida por los egipcios o por los griegos, ya que otros monumentos prueban que la doctrina de estos dos pueblos era la misma en su principio, aunque diferente en la forma.

Orfeo parece haber copiado a Sankoniatón, quien a su vez escribió según los libros de Thaut o Hermes, como informa Filón de Biblos.

La fábula de Cupido fue una leyenda sagrada materializada por el pueblo griego, pero que conservó durante mucho tiempo su sentido primitivo en los santuarios.

---

25. *Zend-Avesta*.

26. *Vendidat-Sadé*, pág. 180.

27. *Eusebii Praep. Evang.*, lib. I, cap. 9.

28. Jablonski, *Pantheon aegypt.*, lib. I, cap. I, pág. 18.

Aristófanes dice que «La Noche de las alas negras dio a luz un huevo del que nació el Amor».[29] Antífanes relata en su *Teogonía* que del caos y de la noche emanó Cupido, padre de la luz y de los dioses.[30]

Apuleyo reproduce la misma doctrina en su novela simbólica *El asno de oro*; las aventuras de Psique revelan los grados de regeneración del alma, el amor divino que la enciende, las tentaciones que repele, las pruebas que sufre antes de saborear la bebida de la inmortalidad.

El Cupido de la India, Kamadeva, Dios del deseo, confirma esta interpretación; uno de sus epítetos es Atmabu, existencia del alma, su madre es Maya o la fuerza general de atracción, y sus atributos son un pez sobre fondo rojo.[31] El pez es el símbolo de las aguas primitivas o del caos; el color rojo, el del amor divino que preside la creación del alma; asimismo, según Platón y Cicerón, Eros o Cupido celeste era hijo de Júpiter y Venus, es decir, de la iniciación, como veremos más adelante.

Para los griegos, como en la India y en Egipto, el color rojo designaba el amor santificador y regenerador; los colores atribuidos a Pan, el universo, Dios, confirman el dogma de la tríada divina; su cuerpo era blanco como la nieve, tenía cuernos de oro, emblemas del poder de la revelación; a este respecto se le confundía con el Sol y la luz, símbolos de la manifestación divina. Su cabeza de cabra era roja, su rostro de fuego. Decía Orfeo: «Llamo a Pan, el gran fuego entero y eterno».[32]

---

29. Aristófanes en *Avibus*. Jablonski, *Pantheon aegypt.*, lib. I, cap. I.

30. Irenaeus, *Contra Haeres*, lib. II, cap. XIV.

31. Langlès, *Notes sur les Recherches Asiatiques*, tomo I, pág. 272.

32. *Cf. Natalis Comilis Myth.*, lib. V, y *Gyraldi syntad. Deor.*

LENGUAJE SAGRADO

Los sacrificios fueron, desde el principio mismo de su institución, símbolos del amor del hombre por su Creador; las primicias de la cosecha y los animales, emblemas de nuestros pensamientos y afectos, eran presentados al fuego de los altares.

El fuego del sacrificio, dice el *Yajur-Veda,* es el símbolo del fuego celeste que reposa en el corazón. En sánscrito, varias expresiones que se refieren al fuego tienen el significado simbólico del número tres (*Vahni),* etc.; el nombre de la deidad *Om* tiene el mismo significado numérico; del mismo modo, en tibetano *Mé* significa fuego y el número tres.[33]

Así, el tercer atributo divino o el Espíritu Santo, el amor de Dios, y el culto tienen el mismo símbolo, el fuego, que en el lenguaje de los colores se traduce como rojo.

Existe una tradición muy extendida entre todos los pueblos según la cual el fuego creó el mundo y debe destruirlo, porque el alma que emana del amor de Dios debe volver a su seno. Uno de los nombres de la divinidad en hebreo, ‏ש‎, es fuego. En la mitología india Shiva es el fuego que creó el mundo y debe destruirlo. En la India hay una costumbre bárbara que obliga a las viudas a arrojarse a las llamas, y el fanatismo de los gimnosofistas que, según Estrabón, se condenaban a este suplicio para alcanzar el cielo.

En China, el color rojo está consagrado a la religión[34] y el luto que llevan los niños es un saco de cáñamo de color rojo vivo;[35] el amor siempre ha tenido como símbolo la infancia y el color rojo. Cupido es un niño; el amor celestial está represen-

---

33. *Journal asiatique,* julio de 1835.

34. Visdelou, *Notice sur l'Y-king* a continuación del *Chu-King,* pág. 428.

35. Prevost, *Histoire générale des voyages,* vol. VI, pág. 155.

tado en la simbología cristiana por ángeles niños. Un niño era iniciado en los grandes misterios de Eleusis, y desempeñaba un papel en la iniciación final, que era un emblema de la muerte; su nombre era «el niño del santuario»; y los monaguillos siguen vistiéndose de rojo hoy en día.

El amor sólo pueden sentirlo las almas vírgenes e inocentes. El reino de los cielos, dice Jesucristo, pertenece a los que se parecen a los niños. En la antigüedad pagana, el rojo era el símbolo de la inocencia y la virginidad; los lechos místicos rodeados de tiras púrpuras, utilizados en los misterios de Eleusis, se referían al estado de virginidad de Proserpina cuando llegó a los infiernos.[36]

Una tradición persa descrita por Jenofonte atestigua el dogma de la tríada divina y su triple símbolo, blanco, oro y rojo. En el transcurso de una gran procesión avanzaban tres carros. El primero era blanco, coronado de flores, con el timón dorado, tenía que ser ofrendado al Dios supremo; el segundo carro, del mismo color y adornado de la misma manera, estaba consagrado al Sol; los caballos del tercer carro estaban cubiertos de escarlata, y detrás de ellos caminaban los hombres que llevaban el fuego sagrado.[37] El primer carro y el segundo eran similares, y en la doctrina persa, como en el *Poimandrés*, el Ser Supremo se identifica con el Verbo.

Sería fácil multiplicar los ejemplos para demostrar que el amor, el fuego y el color rojo eran sinónimos en el lenguaje de los símbolos; aún encontraría un vestigio de ello en las hogueras de San Juan encendidas cada año en varias provincias de Francia, que recuerdan el bautismo de fuego.[38]

---

36. Sainte-Croix, *Mystères du Paganisme*, vol. I, pág. 320.

37. Jenofonte, *Cyrop*; lib. III.

38. En el simbolismo cristiano, san Juan representa el amor en acción, al igual que san Pedro representa la verdad y la fe.

La arquitectura de los templos antiguos ofrece nuevas aplicaciones de este principio, y la forma y el nombre dados a las pirámides o columnas de fuego que servían de tumbas a los reyes de Egipto no son fruto del azar o del capricho. Los obeliscos, símbolos de Amón, el Verbo divino, no se colocaban como un vano ornamento a la entrada de los templos.[39]

Las lenguas también podrían dar testimonio de ello. El sentido genitivo de generación está formado en la gramática de casi todos los pueblos por una inflexión que, en modismos primitivos como el hebreo, significaba fuego, *as, es, is* o sólo *s*. De ahí que el nombre de las divinidades consideradas en sus atributos de amor, esté formado por estas sílabas. Encontramos los *ases* entre los escandinavos por una oposición que observamos en todo símbolo. Para los indios, los *asuras* son los genios del mal.

En etrusco, *eso* era el epíteto de Júpiter, *esu* significaba «ser», *esuk* y *eson* «Dios»[40] o *cesar* según Suetonio. Encontramos la misma etimología en *Vesta*, la diosa del fuego sagrado, en las palabras *aestus,* «calor», *aestas,* «verano» o «estío», según la ortografía antigua. ¿No es Jesús el Dios del amor invocado por los fieles, mientras que Cristo es el nombre pronunciado por la mente fría?[41]

La consecuencia necesaria de estos hechos es que el lenguaje de los colores tuvo que adoptarlos atribuyendo vestiduras rojas a todas las divinidades como atributos del amor.

---

39. El obelisco representaba el rayo de luz (Nestor l'Hôte, *Notice sur les obélisques*, pág. 5); en los caracteres figurativos descritos por Champollion, el obelisco es el símbolo de Amón.

40. *Passeri picturae Etruscorum*. III, pl. 131.

41. Según Swedenborg, el nombre Jesús se refiere al amor divino, y el nombre Cristo a la sabiduría divina. (*Arcana Coelestia*, 3004 a 3011).

Jehová se aparece a Moisés en medio de la zarza ardiente; una columna de fuego guía a los israelitas por el desierto; relampaguean los relámpagos, rugen los truenos y Jehová, rodeado de fuego brillante, desciende sobre el monte Sinaí, que arde como un horno.[42] «El trono de Dios», dice el profeta Daniel, «era como una llama de fuego, y las ruedas de su trono estaban encendidas, y un río de fuego salía de delante de él».[43]

Este símbolo del amor divino, que se revela al hombre, se encuentra en las religiones paganas. Vishnu, dice el *Bagavadam*, apareció primero en forma humana, con un cuerpo vestido de carmesí y más brillante que el Sol, semejante al fuego que se encuentra en la madera y en las piedras, en el agua y en el aire. Vishnu está en todas partes.[44] Esta divinidad es el Demiurgo que crea el mundo en su amor; Brahma es el regenerador de las almas, es el soplo divino, el espíritu de Dios que flota sobre las aguas primordiales. En la plenitud de los tiempos, el universo había regresado al seno de Vishnu. Este Dios, absorto en la tranquilidad de un sueño contemplativo, yacía sobre la serpiente Anantasecha, y se transportaba sobre el mar de leche; el destino hizo surgir de su ombligo un tallo de loto, y la flor floreció bajo los rayos del Sol divino, que es el propio Vishnu; dijo: «¡Levántate, oh Brahma!», y apareció un espíritu de color de llama con cuatro cabezas y cuatro manos, símbolos de los cuatro Vedas.[45]

El color rojo estaba consagrado en Egipto a los genios buenos, como veremos más adelante. El Júpiter griego se llamaba

---

42. Éxodo.

43. Daniel, cap. VII, 9-10.

44. *Bagavadam*, pág. 11.

45. *Cf. Bagavadam*, pág. 62, y el extracto del Shaster en el discurso preliminar del *Bagavad Gita*, pág. 113.

Zeus, la vida, el calor, el fuego y, según Winkelmann, está vestido de rojo.[46] También se le dedicó el manto azul; una corona de llamas adorna su cabeza y un águila con las alas desplegadas descansa a sus pies.

En un monumento descrito por Junker, el cuerpo de Júpiter está rodeado por una serpiente marcada con los doce signos del Zodíaco.[47] Esta serpiente, símbolo del curso del Sol, era el jeroglífico del Verbo; así, en Grecia, en Egipto y en el cristianismo, la Trinidad estaba representada por el globo rojo o la corona de llamas, por las alas y por la serpiente.

Júpiter parece identificarse con el dios indio Vishnu. El fuego que crea y anima el universo es el símbolo de estas dos divinidades: ¿no encontraríamos la misma analogía entre Brahma y Baco, alimentado, según Eustaquio, en el monte Meru, la montaña sagrada de los indios? Brahma y Baco son símbolos del amor divino que regenera las almas, el bautismo de fuego y de la santificación. Un pasaje de Olimpiodoro despeja todas las dudas a este respecto: «El objetivo de los misterios es devolver las almas a su principio, a su estado primitivo y final, es decir, la vida, en Júpiter, de donde han descendido, con Baco que las devuelve a él».[48]

Baco es el civilizador y regenerador de la humanidad, da fuerza moral, como su emblema, el vino difunde vigor por todo el cuerpo material. En su última materialización, el dios del vino conservó su símbolo primitivo, el color rojo. En

46. Winckelman, *Histoire de l'Art*, tomo II, pág. 187.

47. Junker, *De la manière de représenter le Pere éternel dans les idées des Grecs*, págs. 351-353.

48. Extracto de un comentario de Olimpiodoro sobre el *Fedón*, *Journal des Savants*, marzo de 1835.

dos pinturas, una descrita por Filóstrato y otra de la colección de Herculano, Baco aparece vestido con un manto rojo.[49]

Sin embargo, no hay que ignorar que este color estaba consagrado, según Plutarco, a todas las divinidades.[50] En sus fiestas, sus estatuas se coloreaban de rojo y se les ponía minio en las mejillas.[51] ¿No es el amor la base de todos los cultos, incluso en su degradación final?

El cristianismo devolvió la verdad a la humanidad y restauró el lenguaje simbólico a su pureza original. En la Transfiguración, el rostro del Señor se volvió radiante como el Sol, y sus vestiduras brillaron como la luz; éstos son los símbolos del amor divino y la sabiduría divina en su máxima expresión.

El ángel que hace rodar la piedra de la tumba los reproduce en un orden inferior. Su rostro brilla como el relámpago y su manto es blanco como la nieve.[52] Finalmente, las vestiduras de los justos, blanqueadas en la sangre del cordero,[53] aparecen en último grado.

Los artistas de la Edad Media conservaron estas preciosas tradiciones y dieron a Jesucristo vestiduras blancas o rojas tras la Resurrección.[54]

---

49. Creuzer, *Religions de l'antiquité*, I, 65.

50. Plutarco, *Quaest. roman.* 98.

51. Court de Gébelin, *Monde primitif,* VIII, 203.

52. San Mateo, XVII, 2; XVIII, 3.

53. Apocalipsis.

54. Guigniaut, *Sur la Symbolique de Creuzer*, pág. 552. He visto un gran número de miniaturas similares y poseo varias. El rojo y el blanco son los dos colores consagrados a Jehová como Dios del amor y de la sabiduría.

El significado divino y sagrado del color rojo, símbolo de la divinidad y del culto, me parece suficientemente establecido, y es fácil aplicarlo a los trajes de pontífices y reyes.

El púrpura y el escarlata eran los colores del efod y del pectoral de Aarón;[55] el significado general de estos dos colores indica el amor a Dios, mientras que sus diferentes matices muestran las variedades de este amor. Veremos estas diferencias cuando hablemos del color jacinto.

Sólo el Sumo Pontífice de Hierápolis tenía derecho a llevar una túnica púrpura; los sacerdotes vestían de blanco.[56]

En los misterios de Eleusis, los sacerdotes llevaban largas túnicas púrpuras; el misto o recipiendario en los misterios de Samotracia se presentaba coronado con ramas de olivo y con un velo púrpura, que Odiseo, según se decía, fue el primero en utilizar. Antes de él, sólo se utilizaban tiras del mismo color.[57]

La Edad Media atribuyó al color rojo las mismas ideas simbólicas; la vestimenta de los sacerdotes lo reproduce y lo volvemos a encontrar en sus pendones. Eusebio describe el lábaro o estandarte de Constantino, que había visto; era una cruz de la que pendía una enseña cuadrada, hecha de un tejido púrpura muy precioso.[58] Según la leyenda popular, la oriflama había sido enviada desde el cielo a Clodoveo; su color era el púrpura azur. Wendelin establece que la oriflama era el estandarte de los monjes de Saint-Denis; el Dionisio francés lleva el nombre del Baco griego Dionisio; el significado simbólico de esta divi-

---

55. Éxodo, cap. XXVIII.

56. Lucianus, De *Dea Syria*, pág. 483.

57. Sainte-Croix, *Mystère du Paganisme*, tomo I, págs. 52-231 y 286.

58. Eusebii, *De Vita Constant*, lib. I, cap. 28.

nidad es el mismo que el del estandarte de nuestros antiguos reyes,[59] es decir, la santificación.

En la fiesta del Espíritu Santo, el sacerdote católico lleva vestiduras rojas, y el altar dedicado al Espíritu Santo está decorado con este color.

Para los árabes, como para los cristianos, el rojo era sin duda el símbolo de los deberes religiosos, del amor del hombre por su Creador y de la oración. Mahoma vestía túnicas rojas los viernes y las fiestas del Beyram.[60]

Al igual que los trajes de los sacerdotes, las piedras preciosas ofrecen un gran número de ejemplos, de los que bastarán algunos. En la antigüedad, el rubí era el emblema popular de la felicidad; si cambiaba de color, era un presagio siniestro, pero una vez pasada la desgracia recuperaba su tinte purpúreo. Porque destierra la tristeza y suprime la lujuria; resiste al veneno, aleja la peste y desvía los malos pensamientos; es fácil reconocer aquí la materialización del símbolo del amor divino.

En los relatos orientales, el carbunclo brilla en la oscuridad y difunde su luz por todas partes. Luciano habla de una piedra similar en su Tratado sobre la diosa de Siria;[61] los antiguos consagraban el carbunclo al Sol.[62]

---

59. La púrpura azur, color del estandarte, une los dos colores asignados al Espíritu Santo, el rojo y el azul, y representa la unión del amor y la verdad en Dios. Acabamos de ver que el mito de Baco y el color asignado a esta divinidad se refieren al amor divino, y en la Biblia el vino es el símbolo de la verdad celestial. Dionisio o Denis era un nombre simbólico. Éste es el hecho; deducir que este personaje nunca existió sería una suposición gratuita.

60. Mouradja d'Hosson, tomo IV, 1.ª parte, pág. 162.

61. *De Syria Dea*, pág. 478.

62. Caussin, *Symb.*, pág. 617.

Las túnicas rojas de los sacerdotes representaban el amor divino; los mantos púrpuras de los reyes eran el emblema del poder de Dios o del derecho divino.

Según Josefo, la vestimenta de los reyes de Egipto era púrpura; lo mismo sucedía con los griegos desde los tiempos más remotos. Una antigua pintura, cuya copia puede verse en la biblioteca vaticana, representa a Minerva sosteniendo en la mano una diadema púrpura que indica la soberanía que ofrece a Paris a cambio de la manzana.[63] El uso de este color para la realeza era universal entre los pueblos antiguos.[64]

Dice Court de Gébelin: «En Roma, el rojo era el color de los generales, la nobleza y los patricios: por consiguiente, se convirtió en el color de los emperadores. Los emperadores de Constantinopla vestían completamente de rojo. Cuando el último de estos príncipes fue sofocado por la multitud mientras luchaba valientemente contra los turcos que tomaban su capital, se le reconoció por sus botas rojas, en medio de un montón de muertos. Sus edictos, firmas y sellos eran de tinta y cera roja. Esto significaba llevar gules en el escudo de armas; por eso, al principio, había leyes que prohibían llevar gules en el escudo de armas a menos que se fuera príncipe.

»El *clavus*, ornamento que distinguía a los patricios en Roma y que, según su anchura, formaba la *laticlave* o la *angusti-clave*, era una banda de púrpura similar a una cenefa de cabezas de clavos: los clavos sagrados que aseguraban la duración de la república y que se plantaban cada año».[65]

En Roma, el derecho de los patricios a llevar la púrpura tenía un origen sagrado; todo padre de familia era primero pon-

---

63. *Cf.* André Lens, *Costumes de l'antiquité*, págs. 15 y 71.

64. *Amati de restitutione purpurarum*, pág. 75 y *Passim*.

65. Court de Gébelin, *Monde primitif*, tomo VIII, pág. 202.

tífice y luego rey. Estaría fuera del alcance de esta investigación desarrollar más este hecho histórico; limitémonos a recordar la barbarie del Código de Justiniano, que condenaba a muerte al comprador —y vendedor— de un paño de púrpura. Los cardenales de hoy son los herederos de este símbolo de soberanía.

Cada color, según el principio que hemos establecido, tiene un doble significado, divino e infernal. El símbolo del amor divino se convertirá en el signo del egoísmo, del odio y del amor infernal; el diablo aparecerá vestido de rojo, y el fuego del sacrificio tendrá su correspondencia en el fuego del infierno.

Si, a los ojos del profeta, el Dios del amor está rodeado de este fuego que inflama el corazón por nobles pasiones, el infierno aparecerá como el horno ardiente del que se exhala el ardor de la ira, la envidia, todos los vicios y todos los crímenes. Los réprobos, condenados al fuego eterno, están sometidos a la ley de sus malas pasiones. La llama que los consume no está fuera de ellos, sino en sus corazones.

Jeremías dice de los falsos sabios que están vestidos de jacinto y púrpura; veremos que estos dos tonos de rojo y azul reproducen el dualismo del amor y la verdad en un sentido particular; con estos colores el profeta designa el mal y el error, en oposición a los verdaderos sabios que están en la bondad y la verdad.

Es en el mismo sentido que Isaías dice: «Cuando vuestros pecados sean como la grana, quedarán blancos como la nieve, y cuando sean rojos como la escarlata, quedarán blancos como la lana».[66] En todas partes de la Biblia vemos la misma dualidad entre bien y verdad, y, en contraste, entre mal y error.

Siempre resulta fácil reconocer, por el conjunto de los símbolos, el significado que debe darse a cada uno en particular. En este lenguaje sagrado no hay más reglas que en nuestros

---

66. Isaías, cap. I, vers. 18.

modismos profanos, donde las palabras se usan en un sentido bueno o malo, según el lugar que ocupan. Permítanme darles un ejemplo hecho por san Lucas.

«Había un hombre rico que se vestía de púrpura y de lino y que se daba todos los días magníficos banquetes. Había también un pobre llamado Lázaro, que yacía a la puerta de su casa lleno de llagas, y que hubiera querido comer las migajas que caían de la mesa del rico; pero nadie quería dárselas, y venían los perros y le lamían las llagas. Este pobre hombre murió y los ángeles se lo llevaron al cielo, en el seno de Abraham. Murió también el rico, y fue sepultado en el infierno; y estando en el tormento, alzó los ojos y vio a Abraham y a Lázaro en su seno. Y gritando, dijo: "Padre Abraham, ten compasión de mí y envíame a Lázaro, para que pueda que moje la punta de su dedo en agua para refrescar mi lengua, porque estoy sufriendo tormentos extremos en esta llama"».[67]

El Evangelio se dirige al hombre espiritual y no al hombre material; cada palabra de este libro divino tiene, pues, un sentido espiritual; el rico es el que posee muchos conocimientos intelectuales, buenos o malos; el reino de los cielos no pertenece legítimamente a los que mueren de hambre, y el infierno no corresponde a las potencias de la Tierra; pero el pobre de espíritu se acerca tanto a Dios como la ciencia orgullosa se aleja de él.

Lázaro es el pobre de espíritu; envidia las migajas que se han escapado de la mesa del rico; el rico a que se refiere aquí no es el falso sabio retratado por Jeremías, sino el hombre que tiene el conocimiento de Dios. Este hombre es el pueblo judío; está cubierto con el manto de púrpura y la túnica de lino blanco, símbolos de amor y sabiduría o conocimiento de lo que es bueno y verdadero. Lázaro representa a las naciones paganas

---

67. San Lucas, cap. XVI, 19.

que, en su ignorancia, desean y reclaman estas riquezas espirituales de las que se saciarán en la otra vida.

Los pintores de la Edad Media también atribuían un significado infernal al color rojo: vemos muchas aplicaciones de este color en vidrieras y miniaturas.

El blasón conservó este doble significado. El gules o rojo del escudo, dice La Colombière, denota el amor ardiente a Dios y al prójimo entre las virtudes espirituales; el valor y la furia entre las virtudes mundanas; la crueldad, la cólera, el asesinato y la carnicería entre los vicios; el fuego entre los cuatro elementos; el colérico entre las complexiones del hombre; el rubí entre las piedras preciosas. El mismo autor añade que se representa el día del juicio final porque se cree que el mundo será consumido por el fuego.[68]

El rojo, como el blanco, era un color mortuorio, y parece haber estado igualmente consagrado en este sentido al bien y al mal, a las divinidades celestiales e infernales. Dice Sainte Croix, «Las sacerdotisas y sacerdotes de Eleusis profirieron sus imprecaciones contra Alcibíades, poniéndose en pie, volviéndose hacia la puesta de Sol y sacudiendo sus túnicas teñidas de púrpura. Las ropas de este color eran obligatorias cuando se hacían sacrificios a las Euménides. La lana teñida de púrpura y trabajada debía utilizarse también en los sacrificios preparatorios para los misterios… Los lechos de los iniciados, durante la celebración de las fiestas de Ceres, estaban rodeados de tiras del mismo color. Homero da a la muerte el epíteto purpúrea, y Artemidoro dice, con sus propias palabras, que el color púrpura tiene que ver con la muerte. Se suponía que los que habían vivido piadosamente vivían en el inframundo, en prados salpicados de rosas púrpuras. Los antiguos esparcían diversas flores púrpuras y azafranadas sobre las tumbas… Todas

---

68. La Colombière, *Science héroïque*, pág. 36.

estas prácticas eran alegóricas y estaban relacionadas con la vida futura; pues se suponía que los iniciados pasaban por un estado de muerte y, de ahí, la conformidad de diversas ceremonias de iniciación con aquellas que eran costumbre en las sepulturas y los sacrificios fúnebres».[69]

Tanto la Edad Media como en la Antigüedad, el rojo era un color mortuorio; algunas miniaturas del Breviario de Sarisbury representan ataúdes cubiertos con sábanas mortuorias rojas.[70] ¿Era este color, en este caso, como en China y Grecia, un emblema de virginidad e inocencia? ¿O era simplemente un signo del honor concedido a los restos de reyes o cardenales? No soy capaz de establecer ninguna conjetura al respecto.

LENGUAJE PROFANO

En el lenguaje popular de todos los pueblos, el color de la sangre, el rojo, era el emblema del combate; en Perú, los quipos teñidos de rojo se utilizaban para designar a los guerreros.[71] Los espartanos eran enterrados con sudarios rojos; este color debía utilizarse en los funerales de una nación cuya única existencia era la guerra y cuya única virtud era el valor militar. El dios Marte también tenía el color rojo como atributo; pero aquí el símbolo, materializado en ideas populares, tenía un significado completamente distinto para los sacerdotes; el dios de la guerra, para los profanos, era el dios de las batallas espirituales para los iniciados. El erudito Creuzer ha señalado que Homero sugirió que esta divinidad era el antiguo dios de la naturaleza,

---

69. Sainte-Croix, *Mystères du Paganisme*, tomo I, pág. 286.

70. *Brevarium Sarisber*. Mss. de la Biblioteca Real, siglo xv.

71. Garcilaso de la Vega, *Histoire des Incas*, tomo II, pág. 285.

que trabajaba mediante una lucha fecunda para llevar a cabo la gran obra de la generación y el orden cósmicos;[72] la identidad del dios egipcio Ptah y el griego Efesto así lo demuestra.

La iniciación representaba la regeneración del hombre a través de la generación de la naturaleza; el hombre era el microcosmos, el pequeño mundo que debía nacer espiritualmente mediante el combate del amor divino contra las pasiones humanas. Jehová dice que es el Dios de los ejércitos y las batallas. ¿No anuncia Jesús que viene a traer la guerra? En un gran número de manuscritos de los siglos XIII y XIV, el rey David se extasía ante un ángel cuyo cuerpo, alas, vestidos y espada en la mano son de un rojo deslumbrante. Es difícil no ver en estos signos el amor divino que anima al rey profeta en nombre del Dios de las batallas espirituales.[73]

El color rojo, siendo el de la sangre, era el emblema del pudor que tiñe el rostro, o al menos tenía este significado en la Edad Media.[74] Sin duda, por la misma razón, Diógenes llamaba al rojo el color de la virtud.[75] En su expresión popular más reciente, se convirtió en el emblema del crimen con la cabeza en el cadalso. «El verdugo, que ha nacido para derramar sangre», dice La Mothe-le-Vayer, «suele ir vestido de rojo, si no de amarillo, ya que puede elegir cualquiera de estos dos colores».[76]

72. Creuzer, *Religions de l'Antiquité*, lib. VIII, cap. IV, pág. 644.

73. Emblemas bíblicos del siglo XIV. Mss. de la Biblioteca Real, n.º 6.829.

74. *Rerum alamannicarum scriptores*. Bibl. Goldasti, tomo I, pág. 126.

75. La Mothe-le-Vayer, *Opuscules*, pág. 246.

76. Ibíd, pág. 250.

EL AZUL

LENGUAJE DIVINO

En la Biblia, el aire es el símbolo del Espíritu Santo, de la verdad divina que ilumina a la humanidad: «El día de Pentecostés, cuando los apóstoles estaban reunidos, de repente se oyó un ruido del cielo, como de viento que sopla, y llenó toda la casa donde estaban. Y vieron aparecer lenguas, separadas unas de otras, como de fuego, que se posaron sobre cada uno de ellos. Y quedaron todos llenos del Espíritu Santo».[1]

Jesús se dirigió a Nicodemo y le dijo: «El viento sopla donde quiere, y oyes su sonido, pero no sabes de dónde viene ni a dónde va; y lo mismo sucede con todo el que nace del Espíritu».[2]

El Espíritu Santo es Dios en nosotros, como amor y como verdad. Estos dos atributos unidos tenían por símbolo a la paloma. Cuando Jesús fue bautizado, Juan vio que el Espíritu de Dios descendía como una paloma y venía sobre él.

---

1. Hechos de los Apóstoles, cap. II.
2. San Juan, cap. III, vers. 8.

El símbolo del Espíritu es el aire y su color, el azul celeste. En el capítulo anterior dimos varias pruebas de este hecho, y que sería inútil repetir aquí.

En la teología cristiana, el Espíritu Santo procede del Padre y del Hijo; Dios es amor, Cristo es verdad; el símbolo de Dios como amor es el rojo, el símbolo de Cristo como verdad es el celeste, el Espíritu Santo procedente de ambos se representaba por el rojo y el azul.

En la antigüedad, este dogma estaba representado por el fuego etéreo; se encuentra en el Indostán: el dios del fuego, Agni (*Ignis*), tiene dos caras, símbolos del fuego celestial y del fuego terrenal, y está montado sobre un carnero azur con cuernos rojos.[3] Encontramos atributos similares en Júpiter-Amnón, representado en azul, con cuernos de carnero.

En las lenguas orientales, la palabra *azur* significa «fuego», y en el escudo de armas designa el color azul; Júpiter *Axur* o *Anxur*[4] deja claro este doble significado. Dice san Clemente: «Según los griegos, su dios Zeus (Júpiter) es fuego etéreo. Lo convirtieron en el dios supremo por su naturaleza ígnea».[5] Los fragmentos de Ferécides atestiguan este dogma.[6]

El fuego etéreo, o rojo y azul juntos, representaba la identificación del amor y la sabiduría en el padre de los dioses y los hombres. Veremos este símbolo representado y desarrollado en los monumentos cristianos por el color violeta.

En las cosmogonías, la sabiduría divina crea el mundo; el Dios creador es siempre azul. Según los libros sagrados del In-

---

3. Langlès, *Monum. de l'Hindoustan*, tomo I, pág. 191.

4. Ibíd, tomo I, pág. 176.

5. Homil. VI. Conf. Emeric David, Júpiter, introducción, pág. xxvj.

6. *Pherecyd. Fragm.* págs. 44-45.

dostán, Vishnú nació azul.[7] ¿No significa esto que la sabiduría que emana de Dios encuentra su símbolo en el azul? En los monumentos indios publicados por Langlès, Vishnu aparece dos veces como creador del mundo; su cuerpo es azul celeste.

En Egipto, el Dios supremo, el creador del universo, Kneph, estaba pintado del color del cielo.[8] En Grecia, el azul era el color de Júpiter, padre de dioses y hombres. En China, el cielo es el Dios supremo. Y en el simbolismo cristiano la bóveda celeste es el manto que cubre y vela a la divinidad.

El hombre, creado por la sabiduría divina, sucumbe a las tentaciones del mal; la verdad eterna se encarna en esta Tierra para reconducirlo al camino de la salvación. El azur es también el símbolo asignado a Dios, el salvador de los hombres, el redentor de la humanidad.

El dios indio Vishnu es el Sol divino, el pensamiento eterno, la Palabra de Dios; es el principio preservador, la sabiduría divina encarnada en la persona de Krishna para salvar a la humanidad. Según el *Bagavadam*, nació con una mancha negra en el pecho y apareció cubierto de púrpura real; el color de su cuerpo era azul celeste; de ahí el nombre de Krishna o Crisnan.[9] Esta encarnación tiene de notable el presentar al Ser Supremo que descendió a la Tierra y asumió una forma humana, conservando la plenitud de su ser divino.[10]

La leyenda de Krishna es la que más se parece a la vida de Cristo; el nacimiento en un establo y la masacre de los niños se

---

7. Extracto del *Shaster*, discurso preliminar del *Bagavad Gita*, pág. 114.

8. Noël, *Dict. de la fable*, en la palabra *Cneph*. Court de Gébelin, tomo VIII, pág. 202.

9. *Bagavadam*, pág. 276.

10. Khrishna era la persona del mismo Vishnu en forma humana. (*Obras de W. Jones*, vol. III, pág. 375).

encuentran en el *Bagavadam;* pero no son sólo los Evangelios, es el Apocalipsis lo que se reproduce en las tradiciones religiosas del Indostán. Dice M. Langlès: «El Mesías no es esperado por los judíos, con más seguridad e importancia que la décima encarnación de Vishnu (*Kalki Avatara*) entre los demasiado crédulos hindúes. Los hindúes; esperan cada día ver aparecer a Vishnu montado en un caballo, armado con una cimitarra brillante como un cometa; vendrá a poner fin a la era actual (*Kali-Yuga*) y comenzará una era de virtud y pureza. Podemos ver que los hindúes, como la mayoría de los pueblos, tienen una tradición profética de un redentor, y sobre todo de un futuro juez. Este caballo, llamado Kalki, nos recuerda al caballo blanco mencionado en el Apocalipsis».[11]

Suponer que estas creencias han sido tomadas del cristianismo, sería como zanjar la cuestión en vez de resolverla; los partidarios del sistema de Dupuis, podrían, por estas mismas razones, concluir que nuestra religión es una secta de vishnuistas.

Idénticos símbolos aparecen en Egipto, Amón es el Verbo divino, el nuevo Sol, el Sol de primavera. Hace su aparición en el círculo de oro del año entrando en el signo del carnero; conquistando la oscuridad del hemisferio inferior, difunde su luz y su calor sobre la Tierra.[12] Su imagen, según Eusebio, era la de un hombre sentado, de color azur, con cabeza de carnero;[13] así se le representa en las pinturas egipcias.

Los Padres de la Iglesia afirman que Jesús es el nuevo Sol, el cordero divino sacrificado para borrar los pecados del mundo y vencer al espíritu de las tinieblas. En las pinturas de la Edad

---

11. Langlès, *Monuments de l'Hindoustan*, I, pág. 188.

12. Jablonski, *Pantheon aegypt.*, lib. XI, cap. XI.

13. *Praeparat. evang.*, lib. III, cap. XII.

Media, la túnica del Mesías es azul, por los tres años de su predicación de la verdad y la sabiduría.

El dios indio Agni monta un carnero azul. Amón tiene cabeza de carnero y su cuerpo es azul. Jesús es el cordero místico y su túnica es azul.

Estas comparaciones serán un nuevo tema de creencia para los verdaderos cristianos, de escándalo para los incrédulos; pero poco importa que el hombre pondere la sabiduría de todos los pueblos por el peso de su razón.

Lo que me asombra del cristianismo, lo que capta mi admiración, es la unidad de este gran drama religioso. En todas partes las mismas creencias, los mismos dogmas, en todas partes la verdad luchando contra el error; la verdad siempre rechazada, nunca vencida; cautiva en los santuarios de Egipto, prueba su poder dando la libertad al pueblo hebreo, y cuando los símbolos materializados interrumpen todos los cultos, es cuando el despotismo quebranta con su puño de hierro los derechos de todos los hombres. La revelación viene a iniciarlos en la vida eterna y a emanciparlos de la vida política y civil. Ciertamente, si el culto al Sol hubiera producido un fenómeno similar, el Sol sería Dios.

LENGUAJE SAGRADO

El simbolismo distingue tres colores azules, uno que emana del rojo, otro del blanco y el tercero que se une al negro; a menudo se distinguen por matices diferentes, a veces se funden en un solo color.

El azul que emana del rojo representa el fuego etéreo; su significado es *el amor celestial a la verdad*. En los misterios, hace referencia al bautismo de fuego.

El azul que emana del blanco indica las verdades de la fe; se refiere a las aguas vivas de la Biblia, o al bautismo del espíritu.

El azul unido al negro nos remite a la cosmogonía, al espíritu de Dios que se cierne sobre el caos; se refiere al bautismo natural.

Estos tres aspectos de un mismo color corresponden a los tres grados principales de la iniciación antigua y al triple bautismo cristiano. Dijo san Juan Bautista: «Yo os bautizo con agua para que os arrepintáis; pero el que viene detrás de mí es más poderoso que yo: es él quien os bautizará con el Espíritu Santo y con fuego».

Estos tres grados están representados más particularmente en los cuadros por el rojo, el azul y el verde.

El verde, el negro y el azul oscuro indican el mundo naciente dentro de las aguas primitivas y el primer grado de iniciación.

El azur representa la regeneración o formación espiritual del hombre, y el rojo la santificación.

El Génesis menciona estos tres grados: el primero, en el caos animado por el espíritu divino; el segundo, en la creación de Adán; y el tercero, en la santificación del domingo, día en que descansó el Señor; pues la regeneración del hombre es completa en este grado supremo, y Dios ya no lucha en nuestro interior para vencer las tentaciones del mal.

Las divinidades del paganismo eran símbolos de los atributos de Dios y de la regeneración humana; si esta teoría es cierta, entonces las divinidades secundarias son emanaciones de las divinidades primitivas, que son las únicas que deben representar todos los elementos de la doctrina religiosa.

Cuando Vishnu, el Dios supremo de los indios, representa el último grado de la regeneración, su color es verdoso o azul oscuro; Paulin de Saint-Barthélemy ve en estos colores los símbolos del agua que, en la doctrina de los brahmanes, fue el primer principio de la creación del mundo; los antiguos, según este sabio, confundían el color azul oscuro con el verde, e incluso con el negro.[14]

Saturno como Memnón, como Osiris-Serapis, como Knef-Amón-Agatodemon-Nilo, como Vishnu-Narayana, Krishna, Buda, era negro o azul oscuro; y es cierto, dice un erudito francés, que todos estos dioses tienen alguna conexión con el agua.[15]

Krishna es la encarnación de la verdad divina, su cuerpo azur; pero rebajado a la condición humana, se sometió a las tentaciones del mal, y el simbolismo indio también le dedica el azul oscuro y el negro.[16]

Plutarco dice que Osiris era negro porque el agua ennegrece las sustancias que impregna.[17] Bajo esta explicación vulgar, es fácil captar el pensamiento primitivo, el Dios agitador del caos.

La estatua de Saturno, expuesta en su templo, era de piedra negra; sus sacerdotes eran etíopes, abisinios o elegidos entre otros pueblos de raza negra; llevaban ropas azules y anillos de hierro. Cuando el rey entraba en el templo de esta divinidad, su séquito iba vestido de azul o negro.[18] La oposición de estos dos colores representa la lucha entre la vida y la muerte en el estado espiritual y el estado material que se manifiesta en el tiempo, cuyo símbolo es Saturno.

El templo y la estatua de Mercurio eran de piedra azul; uno de sus brazos era blanco, el otro negro;[19] Macrobio le da un ala

---

14. Paulin, *Códices Musaei Borgiani*, págs. 63-201.

15. Guigniaut, *Notes sur la Symbolique de Creuzer*, tomo I, pág. 549.

16. Paulin, *Systema Brahmanicum*, pág. 146. William Jones, *Sobre los dioses de Grecia*, III, 377.

17. Plutarco en *De Iside*.

18. Goerres, *Mythengeschicte der Asiatischen Welt*, I, 290.

19. Goerres, I, 295.

blanca y otra azul, o negra, según otros mitógrafos. Las plumas blancas abrían las puertas del cielo, y las negras el umbral del infierno. También se le da un manto blanco y otro negro.[20]

El color azul, asociado con el negro, es el atributo del iniciador que rompe las puertas de la muerte espiritual mediante el poder de la verdad; el color blanco da testimonio de la regeneración completa, abriendo los atrios celestiales.

El azul-negro era el color que los griegos llamaban cíáneo;[21] una fábula sagrada relata este símbolo en forma dramática. Entre Asia y Europa, a la entrada del Puente Euxino, se alzan dos cúmulos de rocas; las olas rompen en ellos y brotan en vapores que oscurecen el aire: son los arrecifes cíáneos. Los argonautas, asustados al verlos, soltaron una paloma que los atravesó volando; la paloma es el símbolo del amor divino. Estos marineros ofrecían sacrificios a Juno, que les proporcionaba un tiempo sereno: Juno es el aire, símbolo de la verdad celeste; también sacrificaban a Neptuno, que fijaba estas rocas móviles: Neptuno, o el agua, representa la verdad natural; así, el hombre regenerado sólo puede evitar los escollos de mezclar verdad y mentira pasando por los tres grados del amor de Dios, la verdad espiritual y su aplicación a las cosas naturales, fundamentos inquebrantables de toda regeneración.

Neptuno se vestía de verde; se le sacrificaban toros negros;[22] y el azul se dedicaba a Juno.[23] Los mismos dogmas y los mismos colores reaparecen en el cristianismo: el Mesías se cubre con un manto azul durante los tres años en que inicia a los hombres en

---

20. Noël, *Dictionnaire de la fable*, en la palabra MERCURIO.

21. Κύανος.

22. *Véanse* los colores verde y negro.

23. Ηρα de αήρ. *Cf. Lydus de Mensibus*, Winkelmann, II, 187; Guigniaut sobre Creuzer, I, págs. 550-551.

las verdades de la vida eterna; pero viste ropas negras cuando lucha contra las tentaciones.[24] Las pinturas bizantinas atribuidas a san Lucas representan a la Virgen con el rostro negro; en pinturas más modernas, aparece vestida de negro o bistre, porque Jesús, que bajó a esta Tierra, fue revestido por su madre de los males de la humanidad.[25]

En su significado absoluto, el azur representa la verdad divina; lo que es verdadero, lo que existe en sí mismo, es eterno, así como lo que pasa es falso; el azur era el símbolo necesario de la eternidad divina y de la inmortalidad humana, y, como consecuencia natural, se convirtió en un color mortuorio.

El sumo sacerdote egipcio llevaba un zafiro en el pecho: Dice Eliano: «Esta imagen se llamaba verdad».[26] En los misterios, llevaba una túnica azul celeste tachonada de estrellas bor-

---

24. Así está representado en los *Emblemata biblica*. Mss. del siglo xiii. Bibliothèque Royale, n.º 37.

25. Añadiré aquí un pasaje del filósofo chino Lao-tsé: «El Tao es el principio del cielo y de la Tierra. Los dos modos de ser del Tao son su naturaleza inasible y su naturaleza corpórea fenoménica. Juntos se llaman azul o incomprensible; azul y todavía azul o incomprensible hasta el último grado. Hasta el último grado». Añade un comentarista chino, «El azul es un color formado por el negro y el rojo, mezclados para formar un solo color». (Aquí encontramos el símbolo de la cosmogonía en la unión de Amor y Erebo que, según Hesíodo, dio origen al éter). «El color del cielo es azul» añade el comentarista chino, «es Yin y Yang (o el principio oscuro y el principio brillante, el principio pasivo y el principio activo, el principio femenino y el principio masculino) combinados en uno. Todos los seres corpóreos son producto de la naturaleza elusiva que emana del Tao; por eso se dice: azul, y aún azul es la puerta de entrada a todas las naturalezas, esquivas o sutiles». (Pauthier, ejemplar de una traducción del *Tao-te-king*, a continuación de *La Philosophie des Hindous* de Colebrooke).

26. Καί ἐχαλείτο τύ άΥαλμα Αλήθεια. (*Aetiani varia hist.*, XIV, 34).

dadas y sujeta con un cinturón amarillo.[27] Estos ornamentos se encuentran en la coraza de Aarón y en su túnica de jacinto.

Este traje de los soberanos pontífices los designaba como guardianes de la verdad eterna; aplicado a los hombres, el azur era el emblema de la inmortalidad. En las tumbas egipcias se halla un gran número de figuritas y amuletos azules.

Los pitagóricos decían que el Éter o Urano era la inteligencia o mónada: tras la muerte, el alma se despoja de su cuerpo material y se eleva hacia el éter libre. Hierocles advierte que ésta es la Verdad regeneradora.[28] Comparando este pasaje con los monumentos egipcios, es fácil ver en el color del cielo el símbolo del alma que se eleva hacia la Eternidad.

En China, el azul es el color de los muertos, el rojo el de los vivos.[29] El rojo representa el fuego, el calor que da vida a todos los seres animados; el azul es el símbolo de las almas después de la muerte.

El azur conserva los mismos sentidos en el simbolismo cristiano. En un manuscrito del siglo X,[30] Jesús en el sepulcro está rodeado de bandas azules, su rostro también es azul; el sepulcro es rojo; sobre la piedra aparecen dos ángeles: el de la derecha del sujeto tiene aureola azul y manto púrpura, símbolos de la pasión[31] y muerte de Cristo. El ángel de la izquierda tiene una aureola amarilla y un manto púrpura, símbolos del triunfo del amor divino y de la revelación.

---

27. Montfaucon.

28. *Aurea carmina*, pág. 213. Ed. Londini.

29. Prefacio al *Chu-king*, pág. XXII.

30. Biblia latina del siglo X. Mss. de la Bibliothèque Royale, n.º 6, tomo I.

31. *Véase* el color violeta.

El *Breviario de Sarisbury*[32] contiene varias miniaturas que muestran cervezas cubiertas con un paño mortuorio azul; en algunas otras, pero no todas, el paño es rojo y el dosel que cubre el catafalco azul. Estos dos colores superpuestos indican el amor divino que eleva el alma a la inmortalidad; el dosel es el emblema del cielo.

El violeta, compuesto de rojo y azul, también era un color mortuorio. En el mismo manuscrito, un ataúd está adornado con una sábana violeta. Sin duda, estos colores de librea mortuoria no eran utilizados por todos los rangos de la sociedad: tenemos pruebas de ello para el violeta; pero aquí busco el significado de estos colores, independientemente de la atribución que se hiciera de ellos a diversos personajes.

Según el Sr. Mone, la Virgen María aparece a menudo vestida de azul después de la muerte de Cristo; a partir de ahí, añade Guigniaut, «el sacerdote se vestía también de azul para la celebración de los sagrados misterios durante la Cuaresma; y al acercarse la Semana Santa, las imágenes de Cristo se cubrían con un velo del mismo color».[33]

En estas ceremonias, se reconoce un primer grado de materialización, el símbolo de la eternidad divina y de la inmortalidad humana se convierte en el emblema de la muerte carnal.

Dice La Mothe-le-Vayer: «El color azul es mortuorio en gran parte del Levante, donde sólo se viste de azul para el luto, y donde uno no se atrevería a presentarse ante los reyes vistiendo de tan triste librea, así como, por la misma razón, uno nunca pronuncia la desafortunada palabra de muerte en su presencia».[34]

---

32. *Breviarium Sarisber*. Mss. de la Biblioteca Real, siglo xv.

33. Guigniaut sobre Creuzer, I, 552.5.

34. *Opúsculos*, pág. 245.

Estas costumbres muestran el símbolo completamente materializado.

LENGUAJE PROFANO

El color de la bóveda celeste, el azur, era en el lenguaje divino el símbolo de la verdad eterna; en el sagrado, de la inmortalidad; y en el profano, de la fidelidad. Los escarabajos de piedra azul adornaban los anillos de los guerreros egipcios, y hay un gran número de ellos en las colecciones de antigüedades; estos anillos eran símbolos del juramento de lealtad prestado por los soldados.

Según Horapolo, el escarabajo era el símbolo de la virilidad.[35] El anillo con su efigie, que debían llevar los soldados, significaba, según Eliano, que todos los que luchaban debían ser varones,[36] es decir, que debían permanecer fieles a su juramento.[37]

En el blasón, el azul significa castidad, lealtad, fidelidad y buena reputación.[38]

Así, del dogma de la sabiduría eterna, el hombre pasa a la contemplación de su inmortalidad; el dogma se olvida, el símbolo se materializa y en la actualidad sólo tiene el significado de la fidelidad.

---

35. *Horus Apollo*, pág. 13. Ed. Caussin.

36. *Aeliani de Animalibus*, lib. X, cap. 15.

37. *Cf.* Caussin. *Symb. égypt*, pág. 179.

38. Anselmo, *Palais de l'Honneur*, pág. 11.

EL NEGRO

El blanco es el símbolo de la verdad absoluta; el negro se suponía que era el símbolo del error, de la nada, de lo que no es. Sólo Dios posee existencia en sí mismo; el mundo es una emanación de su pensamiento; el blanco refleja todos los rayos de luz; el negro es la negación de la luz; se atribuía al autor de todo mal y falsedad.[1]

El Génesis y las cosmogonías mencionan el combate que la luz lleva a cabo contra las tinieblas; la forma que adoptan las fábulas varía según cada pueblo, pero en el fondo siempre es la misma en todas partes. La escuela materialista ve en estas tradiciones los emblemas del retorno periódico del verano y del invierno, del día y de la noche. En otras palabras, encuentra en ellas la lucha del calor contra el frío y de la luz contra las tinieblas. Es difícil ver otra cosa, pero ¿acaso era material esta lucha? En tal caso, todas las religiones se han fundamentado en la meteorología. ¿O la lucha que existe en la naturaleza física no era más que el símbolo del combate espiritual entre

---

1. El simbolismo de los colores reconoce dos negros, uno opuesto al blanco, es decir, a la verdad divina, y el otro opuesto al rojo o al amor divino; la pintura representa a este último por el color bronceado o rojo oscuro.

el bien y el mal, y entre la verdad y el error? Adopto este último sistema, estableciéndolo sobre la base de dos testimonios: las cosmogonías mismas, que, bajo el símbolo de la creación del mundo, ofrecían la descripción de la regeneración, como hemos tratado de demostrar; y, finalmente, la iniciación, que representaba la formación del universo y reproducía en toda su potencia el antagonismo de la luz y las tinieblas.

Dice Plutarco que «morir es ser iniciado en los grandes misterios».[2] Un pasaje de Temistio, citado por Estobeo,[3] nos dice también que los misterios eran la imagen de la vida y de la muerte. El primer grado de iniciación se adquiría mediante el bautismo, símbolo de muerte y regeneración.

En la cosmogonía egipcia, como en el Génesis, «las aguas primitivas y oscuras, fecundadas por la luz, dan nacimiento al mundo»; del mismo modo, en los misterios egipcios, como en todos los demás, las ceremonias de iniciación se realizaban de noche.[4] En los Isiacos, dice Sainte-Croix, el recipiente era llevado primero al baño y purificado por ciertas abluciones. Después de un ayuno de diez días, vestido de ropas bastas de color blanco, era introducido por el sacerdote en lo más recóndito del santuario. Dice Apuleyo: «Me acerqué al borde de la muerte, habiendo hollado el umbral de Proserpina, regresé a través de todos los elementos; en medio de la noche, el Sol parecía brillar con una luz resplandeciente».

El iniciado debía regenerarse, muriendo a sus pasiones carnales. Las aguas bautismales significaban las tentaciones o combates espirituales contra los males y las falsedades, combates que preceden a toda regeneración. El bautismo tenía lugar

---

2. *Cf.* Sainte-Croix, *Mystères du Paganisme*, 1; 380.

3. *Serm.* 119, pág. 104.

4. Sainte-Croix, vol. II, pág. 161.

durante la noche, porque representaba las aguas primitivas y oscuras que dieron nacimiento al mundo. De este modo, la creación moral del neófito encontraba su emblema en la creación del universo.

En China, el negro es el símbolo del invierno, del norte y del agua.[5] Homero llamaba negro al mar y se sacrificaban toros negros a Neptuno.[6] La lucha espiritual que padecía cada regenerado era explicada en la guerra de los dioses y los gigantes. Júpiter sólo pudo vencer a estos hijos de las tinieblas con la ayuda de Hércules. Este héroe era el emblema del neófito, así como sus doce trabajos representaban la regeneración completa.

La divinidad invocada por el misto era la belleza moral, al principio vestida de luto, pero pronto ataviada con ropajes más radiantes.

En Egipto, era la oscura Isis y la oscura Athor, cuyo emblema, como la Venus griega, era la paloma.[7] En Grecia, era Afrodita Melaenis o Venus la Negra.

Athor era el principio pasivo, el símbolo del caos y de la noche que habían envuelto la naturaleza antes de la creación. Orfeo u Onomacrito, que se inspiró en las tradiciones de Egipto, dijo: «Cantaré a la noche, la madre de los dioses y de los hombres, la noche origen de todas las cosas creadas, y la llamaremos Venus».[8]

---

5. Visdelou, *Notice sur l'Y-King*, a continuación del *Chu-King*.

6. Phurnuti de Neptuno.

7. Creuzer, *Religions de l'antiquité*, lib. VI, cap. V, pág. 655.

8. Apuleyo repite lo mismo: «*Elementorum origo initialis... Orbis totius alma Venus*». (*Metamorph.*, lib. IV).

El abate Batteux señala que, en las lenguas orientales, *ven* o *ben* significa «sopla el viento».[9] El soplo de Dios reposa sobre el caos, y la Venus oscura da nacimiento al amor, principio de todos los seres.

Venus, símbolo del amor divino y de la belleza moral, se convirtió en su forma material en la diosa que presidía el amor carnal y el matrimonio.

Dice Plutarco: «¿Por qué en la traducción de Amyot, el marido no se acerca a su nueva esposa con la luz, por primera vez, sino en la oscuridad?».[10] La respuesta se encuentra en las tradiciones sobre Venus y la creación del mundo.

En Figalia, entre los arcadios, había una estatua de Ceres con cabeza y crines de caballo, en las que se entrelazaban serpientes y otros monstruos; sostenía un delfín en la mano derecha.

El caballo estaba dedicado a Neptuno; su coro estaba cubierto con una túnica negra.[11] El caballo estaba consagrado a Neptuno,[12] marcando aquí el entendimiento del hombre que está a punto de ser regenerado, pero que todavía está entregado a los males y a las falsedades de la vida, lo que también estaba representado por la túnica negra, emblema de las tentaciones y de la muerte en el mundo. El delfín representaba el primer grado de la iniciación, la ablución externa; y la paloma, el bautismo de amor y de verdad.

El negro es el símbolo de todo lo malo y de todo lo falso; ¿por qué se consagró este color a las divinidades del bien y de la verdad?; ¿por qué, en la India, Krishna, el más bello de los

---

9. Historia de las causas primeras.

10. *Les demandes des choses romaines*, pág. 283, ed. infolio.

11. Pausanias, VIII, 42.

12. Creuzer, *Religions de l'antiquité*, lib. VI, pág. 630.

dioses, es negro?; ¿por qué Osiris e Isis, los bienhechores de Egipto, son negros?[13]

Sólo hay una respuesta: las divinidades bienhechoras descienden al reino de las tinieblas para traer de vuelta a sí a los hombres que se regeneran. En los sacrificios egipcios, si los sacerdotes descubrían una sola mancha negra en la víctima, se consideraba que estaba inmundo.[14] El Levítico ordena a los israelitas que ofrezcan holocaustos inmaculados al Eterno. El sacrificio material era un emblema del sacrificio espiritual; el regenerado debía sacrificar sus pasiones carnales a la divinidad; esta ofrenda debía ser completa y el alma inmaculada y sin mancha; la divinidad que presidía esta obra celestial parecía asumir las iniquidades del culpable y absolverlo poniéndole el manto de la muerte.

Permítanme mostrarles la perfecta identidad que existe entre estos antiguos mitos y el simbolismo cristiano.

Los iluminadores de la Edad Media representaron a Jesucristo vestido de negro cuando luchaba contra el genio maligno, y la Virgen María tiene a menudo el rostro negro en las pinturas del siglo XII pertenecientes al arte bizantino, que se han atribuido falsamente al evangelista san Lucas.[15]

María es el símbolo de la Iglesia cristiana; daré varias pruebas de ello: su color negro, como el de Athor, Ceres y Afrodita, indica el grado que precede a la regeneración o la lucha de la Iglesia contra las tinieblas.

El lenguaje popular de los colores conservó el sentido nefasto del color negro; el Génesis parsi, el *Boun-Dehesch*, dice que el primer hombre y la primera mujer, engañados por Ahri-

---

13. *Cf.* Creuzer, vol. I, pág. 65.

14. *Herodoti,* lib. XI. *Caussin Polyhistoricus symbolicus,* lib. V, cap. 7.

15. Lanzi, *Histoire de la Peinture en Italie,* tomo II, pág. 10. La Mothe-le-Vayer, pág. 238. *Nigra sum sed formosa.*

man, sucumbieron a la tentación; tras su caída, se vistieron de negro.[16] El luto de negro está, pues, ligado a las tradiciones religiosas más antiguas.

En Egipto, según Horapolo, una paloma negra era el jeroglífico de una mujer que permanecía viuda hasta su muerte;[17] entre los griegos, el negro denotaba las penas y la angustia del alma; un cuervo vino a anunciar a Apolo la infidelidad de su amante; este pájaro era blanco: mensajero del luto, él y su raza se transforman en negro.[18]

En las evocaciones a Hécate, debía utilizarse una representación de esta diosa, hecha con cera de tres colores, blanco, negro y rojo, y armada con una antorcha encendida, un látigo y una espada.[19] Estos tres colores juntos significan el amor y la inteligencia del infierno, o el odio y la venganza.

Dice Court de Gébelin: «Para los atenienses el negro era, como lo es para nosotros, el color de la aflicción; el blanco, el de la inocencia, la pureza y la alegría. Así, su barco de expiación, que enviaban cada año primero a Creta y luego a Delos, tenía velas negras cuando partía y blancas cuando regresaba: símbolos visibles de la negrura y la blancura intelectuales, y del dolor y la alegría que vendrían después. Sabemos que como Teseo descuidó izar la bandera en uno de sus regresos, su padre Egeo se arrojó al mar desesperado».[20] Los griegos se vistieron de negro. Pericles se felicitó por no haber obligado a nadie a vestir de negro.[21]

---

16. *Boun-Dehesch*, pág. 378.

17. *Hori Apollinis hieroglyphica*, lib. II, S 20.

18. *Hygin. Astronomía*, lib. II, pág. 75. *Apollodori*, lib. III, pág. 296.

19. Sainte-Croix, vol. I, pág. 193.

20. *Monde Primitif*, VIII, pág. 206.

21. Plutarco.

Los árabes y sus escudos dieron al color negro un significado que parece tomado de las tradiciones iniciáticas; para los moros, significaba dolor, desesperación, oscuridad y *constancia*.[22] En el blasón, el color negro, llamado sable, significa prudencia, sabiduría y constancia en la tristeza y la adversidad.[23] Los hechos que acabamos de mencionar brevemente pueden ayudarnos a comprender algunos monumentos antiguos. En una pintura egipcia, grabada y coloreada en la *Description de l'Egypte*, unos hombres rojos cortan la cabeza a unos hombres negros; los rojos miran hacia el Este, de donde procede la luz, y los negros miran hacia el Oeste, la región de las tinieblas.

Esta observación nos lleva a una curiosa interpretación de los vasos etruscos; en la mayoría de ellos sólo vemos dos colores, rojo y negro, y el blanco sólo se utiliza para desprender algunos ornamentos; sin embargo, el uso de otros colores era conocido, ya que aparecen en algunos vasos. Creo haber descubierto la razón del uso constante de estos dos colores en el dualismo de los dos principios del bien y del mal: en este sistema, que ofrezco sólo como conjetura, las figuras rojas sobre fondo negro harían referencia a las divinidades benéficas. En efecto, los ritos de iniciación de los misterios de Baco o de otros dioses están representados por figuras rojas sobre fondo negro. Por el contrario, las figuras negras sobre fondo rojo sugerirían muerte y oscuridad.

En un vaso descrito por Passeri, los Dioscuros destacan sobre un fondo amarillo dorado; la extrañeza de este color llama la atención; el amarillo era el símbolo del Sol y de la luz, y el mito de los Dioscuros representaba al Sol muriendo y resucitando cada seis meses.

---

22. Gassier, *Histoire de la chevalerie française*, pág. 351.

23. Anselmo, *Palais de l'Honneur*, pág. 12.

Cástor y Pólux son negros, Pólux monta un caballo rojo y Cástor uno negro; sólo Pólux era inmortal, compartía este don celestial con su hermano y se condenó a muerte para darle la vida. Los Dioscuros renacen uno tras otro, sólo para morir de nuevo; ¿no es aquí el caballo rojo el representante de la vida, y el caballo negro, el de la muerte?

En otro vaso, veo a Aquiles expirando; sobre él, Mercurio se dispone a pesar el alma del héroe en una balanza; una vaca muerta, una libación expiatoria y otros símbolos de la muerte combinan bien con el color negro de las figuras, que destacan sobre un fondo rojo.[24]

Camilo, el Mercurio etrusco, era el guardián de las tumbas y conductor de los espíritus: en un vaso antiguo[25] se le representa de rojo; sus alas, botas y túnica son negras, y a sus pies se arrastra una serpiente negra, símbolo de la transmigración de las almas.

El color negro de las ropas del joven Camilo, ministro de los dioses, recuerda el ala negra de Mercurio, que abrió las puertas del infierno. Este tema alegórico debía referirse a una urna funeraria y, según Passeri, este jarrón estaba lleno de cenizas.

Por último, esta conjetura adquiere un alto grado de certeza cuando comparamos la ceremonia de embalsamamiento etrusca con la del embalsamamiento egipcio, cuyas láminas daré, según la obra de Passeri y la *Description de l'Egypte*.

La oposición de los dos colores rojo y negro parece haberse conservado en nuestras barajas; Court de Gébelin afirma que la baraja del tarot se remonta a los egipcios, y que nuestras cartas son una imitación del tarot.

---

24. Passeri, *Pict. etrusc*, tomo III, láminas 262-263.

25. Passeri, tomo III, pág. 75, lámina 297.

EL VERDE

LENGUAJE DIVINO

Al comenzar este capítulo, es necesario recordar los principios que hemos establecido. En la generación simbólica de los colores, existen tres grados: 1.º, la existencia en sí misma; 2.º, la manifestación de la vida; y 3.º, el acto resultante. En el primero, domina el amor o la voluntad, marcado por el color rojo; en el segundo, aparece la inteligencia, designada por el color azul; finalmente, en el tercero, la acción encuentra su símbolo en el color verde.

Según los profetas, Dios emana tres esferas que llenan los tres cielos: la primera, o esfera del amor, es roja; la segunda, o esfera de la sabiduría, es azul; la tercera, o esfera de la creación, es verde. En la Biblia, el Eterno es representado rodeado por la esfera de fuego y descansando en un trono azur[1]. En el Apocalipsis, aparece en el centro de un arcoíris verde.[2] Estas esferas, conocidas como limbos, fueron imitadas en las pinturas indias y en las de la Edad Media.

---

1. Ezequiel, cap. 1, vers. 26; Éxodo, cap. XXIV, 9 y 10.

2. Apocalipsis, cap. IV, 3. Conf. Swedenborg, *Apocalipsis revelado*.

Los tres grados de regeneración corresponden a las tres esferas celestes; se encuentran en la iniciación antigua, con sus colores simbólicos, rojo, azul y verde. Expondremos este importante hecho al tratar los misterios del paganismo por los monumentos pintados. La mitología ofrece numerosas pruebas de la universalidad del dogma de las esferas celestes; la filosofía de los hindúes lo reproduce en la explicación de la sílaba mística *Om*, compuesta de tres elementos articulatorios. «Si la devoción se limita al sentido indicado por uno de los elementos, el efecto no va más allá de este mundo; si se limita al sentido indicado por dos de los elementos, el efecto se extiende hasta el orbe lunar, de donde sin embargo, el alma vuelve a un nuevo nacimiento (en un cuerpo material); si la meditación es más comprensible y abarca el sentido completo de los tres elementos de la palabra, la ascensión del alma llega hasta el orbe solar, desde donde, purificada de todo pecado y liberada como una serpiente que ha rechazado su piel, el alma alcanza la morada de Brahma y la contemplación de aquel que reside e una forma corporal humana».[3]

Existen así tres grados de regeneración marcados por la tierra, el aire y el fuego, y traducidos al lenguaje de los colores como verde, azul y rojo.

Los hindúes, como los persas, los escandinavos y todos los pueblos cuyos orígenes se pierden en la noche de los tiempos, representaban a la divinidad en forma humana;[4] un dibujo del

---

3. Colobrooke, *Philosophy of the Hindus*, pág. 169.

4. «El mundo es un hombre y el hombre es un mundo», dice el *Besatir*, pág. 99. El gigante Hymer representó este dogma en la cosmogonía islandesa: «*Est terra creata ex Ymeris carne, mare ex ejus sanguine, saxa ex ossibus, vegetabilia ex capillis, coelum ex cranio, etc.*». (*Finno magnusem Mythologie lexicon*, pág. 598). Véase la *Edda* de Mallet. Esta doctrina, materializada por los escandinavos, tenía un alcance completamente diferente en las teologías antiguas.

Brahme-Sami, depositado en la Bibliothèque Royale y publicado por M. Langlès en *Los monumentos de la India*, reproduce la doctrina de las esferas celestes y da la clave del simbolismo de las divinidades de este pueblo.

Vishnu, u hombre universal, lleva la efigie de Shiva en el rostro, la de Krishna en el pecho, la de Brahma en el vientre y la de Ganesa en los genitales. Encontramos el mismo significado en el simbolismo de los miembros del cuerpo humano que en los colores asignados a las esferas celestes y a estas cuatro divinidades indias.

La cabeza representa el reino celeste donde reina el Dios, creador y destructor, Shiva, representado por el color rojo, como el Dios del fuego, es decir, del amor divino. En el pecho aparece Krishna, que simboliza el aliento, el espíritu (*spiritus*): su color es el azul, porque es la verdad divina encarnada en esta Tierra. Brahma, el creador espiritual o regenerador de la humanidad a través del amor y la sabiduría, reina sobre el vientre, representando el mundo intermedio donde parten los buenos y los malos: sus colores son el rojo y el azul. Por último, Ganesa se encarga de la tercera esfera, siendo la de Brahma un mero pasadizo donde las almas experimentan su purificación final. Ganesa es el dios de la sabiduría y del matrimonio; el verde está dedicado a Ganesa,[5] como lo está a Jano, al Jannes egipcio, a san Juan Evangelista y a todas las divinidades del paganismo que representan la unión del bien y de la verdad en los actos de la vida.

En el mismo dibujo, los dos brazos del Dios-hombre muestran el poder creador del amor y la sabiduría, siguiendo las tres

---

5. Tengo una estatuilla de granito verde que representa a Ganesa; la atribución de piedras a las divinidades del paganismo puede explicarse por el simbolismo de los colores.

etapas del entendimiento humano: voluntad, razonamiento y acción.

La voluntad está representada en el hombro derecho por un hombre y en el izquierdo por una mujer. En el centro de los brazos hay puntas de lanza, emblemas del poder del razonamiento, el arma espiritual de la voluntad. Por último, la flor de loto, inscrita en las muñecas, designa el acto divino o creación del mundo, que es el último grado.[6]

Vishnu, en la primera esfera divina, es el creador por el fuego o el amor; se le representa en rojo. Según un pasaje del *Bagavadam* ya citado,[7] Vishnu apareció por primera vez con un cuerpo vestido de púrpura, más brillante que el Sol y semejante al fuego. Ésta es la manifestación primitiva o la primera esfera. En la segunda esfera, Vishnu revela su sabiduría eterna y se encarna en Krishna, cuyo color es el azul. Por último, en la tercera esfera, la de los actos y costumbres de la vida, Vishnu-Krishna se pinta de verde. En un monumento del Museo Borgia de Velitri, es de este color y aparece en medio de bosques y prados; no muy lejos hay un pantano donde nadan peces y cocodrilos, a los que domesticó.[8] La regeneración externa estaba representada por las aguas, los peces y el color verde. Esta primera etapa también estaba representada por el mono Hanuman, de color verde, que llevaba a Vishnu-Rama sobre sus hombros a través del mar; finalmente, en su encarnación como tortuga, Vishnu tiene la cara verde.[9] La tortuga es el símbolo de la estabilidad en la creación del universo y de la regeneración del hombre; en India y Japón, el mundo se representa posando

---

6. El mundo nació dentro de un loto.

7. *Bagavadam*, pág. 11.

8. Paulin, *Musaei Borgiani Codices*, págs. 225-226.

9. Ibíd, pág. 226.

sobre una tortuga;[10] este símbolo reaparece en Grecia en la Venus de Fidias; Venus tenía como atributo el color verde, era el símbolo de la regeneración.

Sería demasiado largo proseguir esta investigación en Persia y Egipto; baste decir que el jeroglífico de la tríada divina, mencionado anteriormente,[11] reproduce los tres colores en el orden de las esferas a las que corresponden. Por último, en el obelisco de París, Amón, el Sol espiritual, el Verbo divino, es descrito como Dios, Señor de las tres zonas del universo.[12]

Pasemos al cristianismo, heredero de los símbolos antiguos a los que dio nueva vida. A menudo nos los transmite con una pureza que no se encuentra en los monumentos más antiguos.

Dionisio el Aeropagita, convertido al cristianismo por el apóstol san Pablo, escribe en su *Tratado sobre las jerarquías celestes* que todas las inteligencias angélicas se dividen en tres órdenes, en esencia, virtud y acción; hay tres cielos, y cada uno está dividido a su vez por tres.

El geógrafo armenio Vartano enseña la misma doctrina, que explica con mayor precisión y claridad al describir los tres cielos, y dice:

«Primero está el tabernáculo impenetrable donde está el trono de la divinidad, que está por encima de todo lo que existe. Ningún ser creado puede entrar o siquiera ver este tabernáculo: sólo la Santísima Trinidad mora allí en luz inaccesible. A continuación, están las moradas de los ángeles: en primer lugar, están los órdenes de los serafines, querubines y tronos, perpetuamente ocupados en glorificar a Dios. Ven la gloria de la divinidad, están encadenados a ella por amor y no quie-

---

10. Véase Kœmpfer, *Histoire du Japon*, etc.

11. *Véase* el color rojo.

12. Champollion-Figeac, *L'obélisque de Luxor*, pág. 6.

ren alejarse de ella: no por estabilidad, sino por apego y amor. Como son incorpóreos, no se puede decir que estén en un lugar; pero los deseos y los amores son como sus lugares, y es porque quieren estar que están allí. Estos tres órdenes son uno en rango y gloria. Después de ellos están las dominaciones, las virtudes y las potencias, que forman las jerarquías medias. Por último, después de éstos, están los principados, los arcángeles y los ángeles, que forman las últimas jerarquías. Estos seis órdenes tienen diferentes lugares y grados de gloria, al igual que los hombres, todos de la misma naturaleza, tienen diferentes rangos, ya que uno es rey mientras que otro es príncipe, jefe de una ciudad, etc. Los cielos luminosos, fijos e inmóviles, son su hogar. A continuación, hay un cinturón acuoso, colocado por voluntad del Creador, que está siempre en movimiento, y por esta razón se conoce como el *primer móvil*. Después de esto llegamos a los cielos del firmamento, donde hay un gran número de estrellas que se mueven en círculo como una piedra de molino aplastando aceitunas. Por encima de ellas están los dos polos de las estrellas, que giran completamente en veinticuatro horas y no se parecen al cinturón acuático. A continuación, está la zona de los siete planetas colocados uno encima del otro. Luego encontramos los cuatro elementos que se envuelven mutuamente. Se envuelven entre sí esféricamente. Primero está la esfera del fuego, que rodea a todos los demás elementos; luego encontramos el aire, después el agua y finalmente la tierra, que es el último de los cuatro y que está en medio de todos los demás».[13]

Según la teosofía de Vartano, existen tres cielos: el cielo supremo, donde reina el amor divino; el cielo intermedio, donde las jerarquías angélicas tienen el poder otorgado por la sabiduría; y, por último, el cinturón acuático espiritual, que se

---

13. Saint-Martin, *Mémoires sur l'Arménie*, tomo II, pág. 407.

encuentra en el arcoíris verde del Apocalipsis. En el mundo material, las esferas de fuego, aire y agua corresponden a los tres cielos.

Los doce mundos celestes de la filosofía griega ofrecían el mismo dogma; el cielo más lejano es, según Aristóteles, la residencia del Dios supremo y de las demás divinidades, según Platón; es el mundo de las ideas; por debajo de él ruedan los siete planetas, y sucesivamente aparecen las esferas de fuego, aire, agua y, finalmente, la tierra.[14]

La influencia de esta doctrina se dejó sentir en la Edad Media; la encontramos en la curiosa obra de Rabanus Maurus sobre los elogios de la cruz,[15] y podemos ver su existencia en monumentos de este período.

Las figuras sagradas representadas en las pinturas cristianas, así como Dios, Jesucristo y los ángeles, tienen halos de distintos colores; pero Dios y Jesucristo aparecen solos en el centro de esferas o limbos que los envuelven por completo; a veces aparece una segunda esfera debajo de la primera y rodea el escabel de la divinidad. En la Biblia latina del siglo x,[16] Jesucristo está rodeado por un limbo rojo bordeado por una banda azul, su aureola es roja, querubines y ángeles le rodean, sus halos son rojos, azules y verdes. Bajo los pies de Jesucristo hay una esfera púrpura, y el escabel de la divinidad está dividido en tres bandas, roja, azul y verde.

En una miniatura del siglo xi,[17] que representa el Pentecostés, el Espíritu Santo está en el centro de una triple esfera,

---

14. *Photii Bibliotheca*, pág. 1315. Edit. Rothomag.

15. *Rabani Mauri, De Laudibus sanctae crucis*. Mss. de la Biblioteca Real, n.º 59.

16. Mss. de la Biblioteca Real, n.º 6, vol. I.

17. Mss. de la Biblioteca Real, n.º 819.

azul, roja y verde, que proyecta rayos rojos sobre los apóstoles. Por último, estas tres esferas celestes aparecen dos veces en el manuscrito latino de emblemas bíblicos del siglo XIII.[18]

LENGUAJE SAGRADO

Se atribuyen cuatro colores a los cuatro elementos; el rojo representa el fuego; el azul, el aire; el verde, el agua; y el negro, la tierra. Pero ¿eran estos elementos dioses o símbolos? El plano celeste de los indios, griegos y cristianos proporciona la respuesta: las esferas de los elementos corresponden a las esferas celestes.

Así es como la iniciación representaba este misterio a través de cuatro pruebas. Dice Apuleyo: «Habiendo hollado el umbral de Proserpina, volví a través de todos los elementos».[19] El neófito debía ser purificado por la tierra, el agua, el aire y el fuego.

La tierra representaba el caos y las tinieblas de lo profano; el agua, o el bautismo, era el emblema de la regeneración externa mediante el triunfo sobre la tentación; el aire designaba la verdad divina que iluminaba el entendimiento del neófito, así como el fuego, o el grado supremo, abría el corazón al amor divino.

Estas pruebas simbólicas eran puramente externas; representaban las cuatro esferas materiales que el neófito debía pasar antes de ascender a los tres cielos representados en esta Tierra por los tres grados de iniciación o regeneración espiritual.

---

18. *Emblemata Biblica*. Fondo de la Biblioteca Real, n.º 37.

19. El antro de Zoroastro representaba el mismo dogma. Véase *Porphyrii, de Antro Nympharum*.

El primer grado de iniciación, concedido tras el cumplimiento de las ordalías, se adquiría mediante el bautismo de agua y la reforma de las costumbres; el místico quedaba entonces regenerado en sus actos y en su vida exterior; había atravesado la puerta de la muerte espiritual, marcada por las tinieblas y el color negro.

Los símbolos de este primer grado eran los colores negro y verde; el negro recordaba las aguas primitivas o el caos, así como el verde representaba la creación; el negro estaba consagrado a las divinidades marinas, y éstas estaban vestidas con trajes verdes. La tierra también tenía los mismos colores como símbolos; como materia oscura, se le atribuía el negro; como principio de la vegetación, el verde.[20]

La razón de asignar estos dos colores al agua y a la tierra reside en la ley de la naturaleza; la vegetación se produce por la acción de estos dos elementos, y el verde indicaba su unión fecunda, así como el negro su estado de separación y muerte.

El bautismo era el símbolo del misterio de la creación; el profano representaba la materia inerte y oscura; las aguas vertidas sobre la cabeza representaban el principio fecundador que debía regenerarlo.

Así, la parábola del sembrador enseña a los cristianos que la regeneración es como el germen de una planta que renace en medio de la muerte y crece en una vida nueva. En el Apocalipsis, se ordena a las langostas que no dañen la hierba de la tierra, ni ninguna cosa verde, ni ningún árbol, sino sólo a los hombres que no tienen el sello de Dios en la frente.[21] Este contraste entre lo verde y lo profano muestra que la hierba verde era el símbolo de los regenerados.

---

20. El color verde está dedicado a la tierra (Juan el Lidio).

21. Apocalipsis, cap. IX, 4.

El segundo grado de iniciación, representado por el color azul, indicaba la regeneración espiritual; el neófito recibía el bautismo del espíritu, marcado en los anaglifos egipcios por aguas azules.

Por último, el tercer grado era el bautismo de fuego; en las pinturas de los templos de Tebas, los espíritus que entran en la vida eterna reciben sobre la cabeza aguas bautismales rojas y azules.[22]

Este triple bautismo se encuentra en el Evangelio. Dice san Juan Bautista: «Yo os bautizo en agua para llevaros al arrepentimiento, pero el que viene detrás de mí es más poderoso que yo; él es quien os bautizará en Espíritu Santo y fuego».[23]

La India nos proporciona las tradiciones más antiguas sobre el simbolismo del color verde. La regeneración fue representada bajo el emblema de las batallas entre el Dios supremo Vishnu y el jefe de los genios del mal. Fue en la guerra de Lanka cuando Vishnu, encarnado en Rama, luchó contra los gigantes y los domesticó. En la India, los gigantes representan el espíritu de las tinieblas, como en el Génesis y en la mitología de los escandinavos y los griegos. Los colores atribuidos a Rama y al jefe de los gigantes proporcionan la clave de este mito.

Dice Sonnerat: «En los templos dedicados a esta encarnación, Vishnu está representado en el color verde, en forma de un apuesto joven que sostiene un arco y flechas. Hanuman está a su lado, esperando sus órdenes. Ponen también una representación del gigante pintado con diez cabezas azules y veinte brazos, sosteniendo diferentes armas en cada mano, emblemas de su fuerza y poder».[24]

---

22. *Descripción de Egipto*, láminas.

23. Mateo, V, 11; Lucas, III, 16.

24. Vol. I, págs. 289-292. *Cf.* Paulino, *Systema Brahmanicum*, pág. 134.

Hanuman, el general del ejército de los monos, representa, según William Jones, a los hombres salvajes de las montañas, civilizados por Rama; se trata aquí del profano regenerado, ya que los indianistas están de acuerdo en que el mono en la India es el símbolo del alma.[25]

Rama sólo puede someter a los gigantes atravesando el mar; los monos forman un dique mediante un trabajo prodigioso; Rama, *representado de verde*, es el símbolo del primer grado de regeneración; el mar designa la ablución bautismal; el trabajo de los monos o de *las almas* sólo puede entenderse como el arduo trabajo de la regeneración. Por último, los gigantes, personificados en su jefe, llevan el distintivo color azul; este símbolo de la sabiduría divina, asignado al espíritu del mal, indica la falsa sabiduría humana que lucha contra la acción del Dios regenerador; así, las armas del gigante no tienen alcance, mientras que las de Vishnu llegan muy lejos y nunca fallan su blanco.

Rama se identifica con Baco, el conductor de las almas, y el jefe de los gigantes con Plutón.[26]

Rama es el símbolo de los tres grados de regeneración. En el primero es de color verde y combate contra los gigantes; en el segundo, está pintado de azul y toma el sobrenombre de cuerpo azul, denominación de Vishnu y de Krishna, representantes de la sabiduría divina; y, finalmente, en el tercero, se le da un cuerpo de color jacinto, ojos y labios del color de la sangre, es el amo del mundo, la mitad del mismo Vishnu.[27]

---

25. Langlès, *Monumentos del Indostán*, vol. II, pág. 49, y las numerosas autoridades que cita.

26. Paulino, *Systema brahmanicum*, pág. 143. Langlès, *Monumentos del Indostán*, vol. I, pág. 184. *Cf.* W. Jones.

27. *Cf.* Langlès, *Monumentos del Indostán*, vol. I, pág. 183. Paulino, *Systema Brahmanicum*, pág. 143.

En Egipto, el grado supremo de la iniciación, el que se adquiere al entrar en la otra vida, estaba representado por el bautismo de aguas rojas y azules; el color jacinto de Rama está formado por la unión del rojo y el azul.

Las religiones antiguas, como el cristianismo, veían a la divinidad en sus atributos duales de amor y sabiduría; el lenguaje de los colores traduce este dogma universal en rojo y azul. Los misterios debían reproducir esta dualidad del bien y de la verdad; Venus y Minerva eran los símbolos de esta doctrina revelada en el primer grado de iniciación; el color verde de estas dos divinidades lo indica[28], y su historia lo demuestra.

La Minerva egipcia, Neith, nació en el seno de las aguas; era hija del Nilo, como Minerva era hija de Neptuno y de la ninfa Tritonis o lago Tritón;[29] el nacimiento de esta divinidad es el emblema de la primera etapa de los misterios, el bautismo.

Palas Atenea aparece primero en conexión con las aguas y al mismo tiempo en oposición a ellas; lucha contra Poseidón o Neptuno antes de obtener el imperio de la ciudad que lleva su nombre;[30] en las cosmogonías, la sabiduría divina lucha contra las aguas primitivas y da nacimiento al mundo en medio del caos; en los misterios, el neófito lucha contra sus pasiones carnales y, mediante la victoria, adquiere una nueva existencia. La ablución bautismal era al mismo tiempo el símbolo de la cosmogonía y de la iniciación, del nacimiento del universo y de la regeneración espiritual; la sabiduría debía, pues, tener un doble origen; emanando de Dios, encontraba su símbolo en Palas que salía armada del cerebro de Júpiter; entonces se la re-

---

28. El verde se compone de amarillo y azul, símbolos del amor y la verdad.

29. Pausanias, lib. I, cap. XIV.

30. Creuzer, lib. VI, cap. VIII.

presentaba de rojo, como la diosa del combate espiritual; nacida en el hombre regenerado, su símbolo era la Minerva verde.

El neófito sólo puede ser regenerado por el doble bautismo del espíritu y del fuego, por la unión de la verdad y del amor. La Minerva egipcia, Neith, se casa con el dios del fuego, el Ptah de Menfis y Sais; de este matrimonio nace el Sol, símbolo de la luz eterna, así como de la revelación divina; del mismo modo, la Minerva griega se une con el Vulcano celeste, dios del fuego puro, y da nacimiento a Apolo, o el Sol.

Homero da a Minerva ojos persas o verde mar.[31] Los mitógrafos le atribuyen ojos brillantes de triple color,[32] símbolos de los tres grados de iniciación. Asimismo, su palio era de oro, púrpura y azur. A esta diosa se le dio el epíteto de música. La música, o la ciencia enseñada por las musas, abarcaba todo el saber humano.

Moisés, dice Filón, fue iniciado en toda la música de los egipcios; las musas presidían las fuentes,[33] y Moisés fue salvado de las aguas, o por las aguas del bautismo.[34]

Minerva es el símbolo de la sabiduría y la verdad en los misterios; Venus representa el amor divino. Los griegos solían distinguir dos diosas bajo el nombre de Venus, una celeste y otra terrestre,[35] una verde y otra negra.

Athor, para los egipcios, era el principio pasivo, el emblema del caos y la noche que habían envuelto la naturaleza antes de la creación; los griegos basaron su Venus oscura en esta divinidad.

---

31. Γλαυχῶπις Αθήνη.

32. Albrici, *De Deorum imag*, pág. 172.

33. Creuzer, *Religions de l'Antiquité*, I, págs. 492 y 493.

34. Véase el curioso tratado de Lacour a propósito de los jeroglíficos.

35. Pausanias.

La segunda Venus, de color verde, derivó de la primera; nació en el seno de las aguas primitivas y tomó el sobrenombre de Venus Afrogenia, nacida de la espuma del mar. Luego, unida a Hermes, el iniciador, dio a luz al Amor.[36]

En el capítulo anterior señalamos la relación simbólica entre el negro y el verde. Volvemos a encontrarla aquí; la Venus tenebrosa representaba el estado que precede a la regeneración; la Venus verde Afrogenia nacía del mar, ya que la iniciación comienza con el bautismo. Unida a Hermes, personificación del sacerdocio y de los ritos sagrados, daba nacimiento al amor divino. Esta diosa presidía la generación carnal, emblema de la regeneración espiritual.

Por último, Venus la regeneradora tendía a identificarse con el Sol, símbolo del amor y de la verdad, emanados de Dios. Así, según los cabalistas hebreos, la belleza, una de las diez emanaciones divinas (Sefirot), tenía como símbolos el verde y el amarillo.[37] Estos dos colores juntos nos remiten al mito de Mitra-Mithras. Heródoto cuenta que los persas llamaban a la Venus celestial Mitra[38] y Mitra se identifica a sí mismo con el Sol.

Sabemos, por un pasaje de Juan el Lidio, que el verde estaba dedicado a Afrodita;[39] una pintura de Herculano confirma este hecho, representa a Venus con un ropaje flotante de color verdoso.[40] Las tres Gracias, sus compañeras, eran los símbolos de las tres esferas celestes, y de los tres grados que debe atravesar el alma para regenerarse. Talía, preside la vegetación cuyo color

---

36. Creuzer, *Historia de las religiones*, I, pág. 657.

37. Matter, *Historia del Gnosticismo*, tomo I, pág. 102.

38. *Heroditi,* lib. I, pág. 66, ed. Wesseling.

39. *Lido de Mensibus*, Guigniaut, en Creuzer, I, 550.

40. Winkelmann, II, pág. 188. *Historia del arte.*

es el verde; Eufrosina, reina sobre el imperio del aire o azul; y Aglae, sobre el del fuego o rojo.[41]

Todas las divinidades marinas de Grecia tenían como atributo el color verde mar. Dice Winkelmann: «Neptuno, si su figura hubiera llegado hasta nosotros en un cuadro, tendría un vestido verde mar o celadón, como solían pintarse las Nereidas; finalmente todo lo que tenía que ver con los dioses del mar, incluso los animales sacrificados a ellos llevaban bandas de color verde mar. Es según esta máxima que los poetas dan a los ríos cabellos del mismo color. En general, las ninfas, que toman su nombre del agua, *ninfa, linfa*, visten así en las pinturas antiguas».[42]

Juan el Lidio[43] confirma estas observaciones; el color del mar (βένετον, color *venetus*) estaba dedicado a Poseidón o Neptuno.

Freya, la deidad de los escandinavos, se identifica con la Venus Afrodita de los griegos,[44] y también se le dedica el viernes (*freytag*). Freya es la diosa del mar. Uno de sus apodos es *Syr*, la amante de las aguas.

En el *Zend-Avesta*, el perro Tascher o Sirio, preside la lluvia y la iniciación de la muerte. En el Zend, *sur* significaba «el mar», «las aguas».

La Venus escandinava, hija de Niord, dios del mar, era diosa del amor; fue la primera en enseñar el arte mágico.

Todas estas tradiciones están relacionadas con los misterios sagrados. Un último rasgo ilustra los estrechos vínculos entre

---

41. *Cf.* Balduino. *Mitología.*

42. *Historia del arte*, tomo II, pág. 137.

43. *De Mensibus.*

44. «*Freya spumare. Froda spuma*», en griego: ἀφρός, *unde hellenum Freya voca est* Ἀφροδίτη. Finno Magnusen, *Mythologiæ Lexicon*, pág. 82.

las religiones de la Antigüedad. Freya, como Isis, lloraba constantemente la pérdida de su marido; lo buscaba en aquellos países donde se le dio el nombre de Vanadis, diosa de la esperanza. Isis es la Venus egipcia, según Apuleyo.

Al igual que estas divinidades, ¿tenía Freya, diosa de la esperanza, el color verde como atributo? No existen monumentos al respecto, pero todo parece apuntar a ello.

El cristianismo reproduce la doctrina enseñada en los misterios: si un hombre no nace de nuevo, dice Jesucristo, no puede ver el reino de Dios.[45] El símbolo de la regeneración era el renacimiento de la naturaleza en primavera, la vegetación de plantas y árboles y el verdor de los campos; el Mesías, caminando hacia su muerte, consagra este símbolo, como ya lo había establecido en la parábola del sembrador. Llevando la cruz, dice a los que le siguen: «Si hacemos estas cosas al leño verde, ¿qué no haremos a la madera seca?».[46] La madera verde designa al hombre regenerado, así como la madera seca es la imagen del profano que ha muerto a la vida espiritual.

En China, el verde designa el Oriente, la primavera, la madera… y la caridad.[47] En el cristianismo, el verde es el símbolo de la regeneración en las obras, es decir, de la caridad. El Mesías recuerda a los hombres los dos mandamientos de la Ley como únicos fundamentos de la salvación eterna: el amor a Dios y el amor al prójimo. Ofreciéndose a sí mismo como sacrificio, da el ejemplo de la caridad divina, que se convierte en la esperanza de la humanidad. Los pintores cristianos de la

---

45. Evangelio de San Juan, III, 3.

46. Lucas, XXIII, 31. El texto de san Lucas dice literalmente: «…si hacemos estas cosas a la madera húmeda» (ὑγρῳ ξύλῳ). Cualesquiera que sean las palabras, el significado siempre es el mismo: la Vulgata lo traduce por: «quia si in viridi ligno». Cf. el color bronceado.

47. De los Meses.

Edad Media representaban la cruz en verde, símbolo de regeneración, caridad y esperanza; a veces la bordeaban con una banda roja, como en las vidrieras de la catedral de Chartres. El sepulcro y los instrumentos de la Pasión se pintaban a menudo de verde.

El amigo de Cristo, el que no le prometió nada, pero nunca le abandonó, el iniciador cristiano, el sagrado escritor de los misterios sellados en el Apocalipsis, san Juan, casi siempre es representado vistiendo una túnica verde. La tradición atribuye también el color verde a la Virgen María y al niño Jesús, como símbolo de la primera etapa de la regeneración. El color de las vestiduras del Mesías en los distintos períodos de su vida forma un drama sagrado.

El verde tenía el mismo significado para los árabes; este color se convirtió en el símbolo de la iniciación en el conocimiento del Dios supremo revelado en el Corán. Como en la antigua Persia, la lucha entre los dos principios del bien y del mal estaba representada por el blanco y el negro; Mahoma veía legiones de ángeles vestidos de blanco. En las principales acciones de su vida fue, dicen las tradiciones musulmanas, secundado por ángeles cuyos turbantes eran verdes. El blanco y el verde eran y siguen siendo los colores del islam; los principales signos del Imperio turco son verdes o blancos; el satén blanco forma el atuendo ceremonial del gran visir, al igual que el paño blanco forma el del *muftí*. Ambos, dice Muradja, son vicarios y representantes del soberano, uno para lo temporal, el otro para lo espiritual.

El satén verde es también el hábito que llevan todos los pachás de tres colas como lugartenientes del monarca en las provincias confiadas a su administración, y el paño verde es el traje ceremonial de los ulemas, como ministros de justicia, derecho y religión, en nombre y bajo la autoridad del sultán, que es el imán supremo o primer pontífice del islam. Además, el turbante verde está reservado exclusivamente a todos los emires descendientes de Ali...

Por último, este color se ha convertido en el signo distintivo, no sólo de la nación otomana, sino de todos los pueblos musulmanes.[48] El papel del islamismo entre las religiones orientales es el de iniciador en el conocimiento de un solo Dios.

Ali, el iniciador por la conquista, lleva la túnica verde[49] como san Juan, el iniciador por las armas espirituales. El día consagrado al Dios de Mahoma es el viernes, día de la Venus verde. El verde, como los demás colores, tenía un significado nefasto. Si, por un lado, era el símbolo de la regeneración del alma y de la sabiduría, por oposición representaba la degradación moral y la locura.

El teósofo sueco Swedenborg dio ojos verdes a los locos del infierno.

Una vidriera de la catedral de Chartres representa la tentación de Jesús; Satanás tiene la piel verde y grandes ojos verdes. Según La Mothe-le-Vayer, en la antigua Francia, el verde era el blasón de los locos.[50]

En el simbolismo, el ojo significa inteligencia, luz intelectual; el hombre puede orientarlo hacia el bien o hacia el mal. Satán y Minerva, la locura y la sabiduría, se representaban con ojos verdes.

48. Muradja de Ohsson, vol. IV, primera parte, pág. 161.

49. Muradja. Ibíd., pág. 163.

50. *Opúsculos*, pág. 242.

LENGUAJE PROFANO

Las leyendas populares conservan las tradiciones sagradas materializándolas; el verde, símbolo de la regeneración del alma, del nuevo nacimiento espiritual, era el emblema del nacimiento material. Durante mucho tiempo, la superstición atribuyó a las esmeraldas la virtud milagrosa de acelerar el parto.[51]

Se suponía que el neófito triunfaba sobre sus pasiones, representadas en el Génesis, los libros Zend y los *eddas* por la serpiente. Según la leyenda popular, el polvo de esmeralda curaba las mordeduras de los animales venenosos. En el lenguaje sagrado, el verde era el símbolo de la esperanza en la inmortalidad; en el lenguaje popular, el verde era el color de la esperanza en este mundo. Por inversión, los profanos le atribuyeron el significado de desesperación.

En las representaciones escénicas griegas, el verde glauco o verde mar era, en determinadas circunstancias, un color siniestro.[52] El verde era el símbolo de la victoria espiritual; Más tarde, se convirtió en el color de la victoria material, y finalmente, por contraste, fue utilizado por los griegos para designar la derrota y a los desertores.[53]

Entre los moros, el verde tenía el mismo significado profano que en la Antigüedad; denotaba esperanza, alegría y juventud, porque es el color de la primavera, la juventud del año, que trae la esperanza de la cosecha.[54] Del mismo modo, según el arte de

---

51. Noël, *Dictionnaire de la fable*, palabra EMERAUDE. Así es como Venus presidió primero la regeneración, luego el matrimonio y finalmente la prostitución.

52. *Julii Pollucis Onomasticon*, lib. IV, cap. 18.

53. *Julii Pollucis*, ibíd.

54. Gassier, *Histoire de la Chevalerie française*, págs. 351-352.

la heráldica, el sinople (el verde del blasón) significa civismo, amor, alegría y abundancia. «Los arzobispos», dice el *Palais de l'Honneur*, «llevan un sombrero de sinople con cordones de seda verde entrelazados... Los obispos también llevan un sombrero de sinople, porque al estar establecidos como pastores sobre los cristianos, este color denota buenos pastos, donde los pastores sabios llevan a pastar a sus ovejas, y es el símbolo de la buena doctrina de estos prelados».[55]

El verde era el símbolo de la sana doctrina cristiana, como lo era de la sana doctrina mahometana, griega, egipcia e india. El último anillo de esta cadena histórica enlaza y se funde con el primero.

---

55. Anselmo, *Palais de l'Honneur*, págs. 12 y 65.

EL ROSA

El color rosa toma prestado su significado del rojo y del blanco; el rojo es el símbolo del amor divino, el blanco de la sabiduría divina; la combinación de estos dos colores significará: amor de la sabiduría divina.

Aquí encontramos una analogía con el amarillo, que también designa el amor y la sabiduría y que, según el simbolismo, emana del rojo y del blanco.

La diferencia entre estos dos colores es que en el amarillo los dos atributos de la divinidad se funden en una unidad, mientras que en el rosa permanecen distintos. El oro y el amarillo tienen un significado más elevado que el rosa. El oro se refiere a Dios y a su revelación, y el rosa indica al hombre regenerado que recibe la palabra santa.

La rosa y su color eran símbolos del primer grado de regeneración y de la iniciación en los misterios. Existía un vínculo entre el bautismo que abría las puertas del santuario y el color rosa, vínculo que encontramos en la etimología de la palabra latina *rosa* que evidentemente viene de *ros*, «lluvia», «rocío».

Horapolo dice que los egipcios representaban las ciencias humanas como agua que cae del cielo.[1] En este pueblo, las ciencias se encerraban en los templos y sólo se revelaban a los iniciados; asimismo, en Egipto, la rosa era el símbolo de la regeneración. El asno de Apuleyo recupera su forma humana comiendo una corona de rosas rojas que le regala el sumo sacerdote de Isis. En efecto, sólo apropiándose del amor y la sabiduría de Dios, significados por el rojo y el blanco, y por su unión en rosa, el neófito regenerado se despoja de sus pasiones brutales y se vuelve verdaderamente humano.

En los libros sagrados de la India, el rocío es el símbolo de la palabra divina. «Oh gran Suda», dice el *Bagavadam*, «deja que el rocío de la palabra divina fluya sobre nosotros».[2] El color rosa tiene el mismo significado. La camalata produce flores muy hermosas, de un tierno rojo celeste, y el color del amor, dicen los libros hindúes; la camalata tiene la virtud de procurar a los habitantes del cielo de Indra el objeto de sus deseos con sólo pensarlo.[3]

La Biblia confirma el significado de estos símbolos. Dice Moisés: «Mis instrucciones caerán como la lluvia. Mi palabra caerá como rocío, será como lluvia dulce sobre hierba tierna. Y como lluvia abundante sobre la hierba que está a punto de madurar».[4] Sabemos que la hierba y el verdor representan el comienzo de la regeneración.

Dice Isaías: «Los muertos volverán a vivir y los cadáveres resucitarán; despertad y gritad de alegría, moradores del polvo; porque el rocío que caerá sobre vosotros será como el rocío que

---

1. *Hori Apollinis hierogliph.*

2. *Bagavadam*, pág. 6.

3. De Marles, *Histoire de l'Inde*, tomo II, pág. 182.

4. Deuteronomio, XXXII, 2.

hace crecer las plantas, y la tierra devolverá sus muertos».[5] Los muertos son los profanos, los vivos son los regenerados; Isaías se refiere aquí al bautismo. Es difícil ignorarlo cuando comparamos este pasaje con un versículo del mismo profeta: «Oh Cielos, enviad el rocío de lo alto; que las nubes destilen a los justos; que la tierra se abra y dé a luz al Salvador».[6]

En la Biblia, la rosa reproduce la misma idea que el rocío; sólo que el rosal es la imagen del regenerado y el rocío es el símbolo de la regeneración.

Dice el libro del Eclesiástico, «La sabiduría creció como rosales en el suelo de Jericó»;[7] y más adelante añade: «Oídme, vosotros que os aplicáis a la sabiduría, y crecéis como rosales plantados a la orilla de un río»;[8] ¿no es el río el emblema de la ablución bautismal, fuente de la sabiduría?

Una filología trivial podría llegar a creer que se trata de expresiones retóricas. Nuestra poesía está muerta y no podemos comprender la vida que anima a la poesía bíblica.

La historia de cada símbolo demuestra, sin embargo, que los profetas no hablaban de tropos, ya que estos jeroglíficos se encuentran con el mismo significado en todos los pueblos de la antigüedad.

Claudiano dice que llovió oro sobre la Isla de Rodas en el nacimiento de Minerva.[9] La Isla de Rodas o la Isla de las Rosas, según el significado de la palabra griega y latina, indica los misterios de la iniciación. En el nacimiento de Minerva, es decir, en el nacimiento de la sabiduría o de la regeneración, llueve

---

5. Isaías, XXVI, 19.

6. Isaías, XLV, 8.

7. Eclesiastés, cap. XXIV, 14.

8. Cap. XXXIX, 13

9. *Auratos Rhodiis imbres Nascente Minerva.*

oro porque el neófito recibe el bautismo espiritual de la palabra divina; lluvia y oro tienen este significado necesario.

La rosa era símbolo de sabiduría y amor, y estaba consagrada a Venus, como lo estaba a Minerva.

Venus, una de las personificaciones de los misterios, adora a Adonis; *Adonai* es uno de los nombres de Dios en la Biblia; Adonis es herido de muerte por un jabalí, Venus recoge su sangre y la transforma en una flor de anémona roja; a la voz moribunda de su amante, despeinada, corriendo descalza, una espina la hiere, la sangre de la diosa brota y tiñe la rosa blanca de un tono rubicundo.

En la antigüedad, la rosa se asociaba a la muerte, porque era uno de los símbolos de la iniciación, cuyo primer grado era una imagen de la muerte carnal; los antiguos arrojaban rosas sobre las tumbas y llamaban a esta ceremonia *Rosalía*; cada año, en mayo, ofrecían platos de rosas, *rosales escae*, a los antepasados de los difuntos. Esta piadosa costumbre daba testimonio de la nueva vida espiritual que se había extraído del interior de la destrucción.

Hécate, la *dea feralis* de los romanos, presidía la muerte; a veces se la representa con la cabeza ceñida por una guirnalda de rosas de cinco hojas.[10] El número cinco, como la rosa, indica el comienzo de un nuevo estado.

El simbolismo de la Edad Media reproduce los diferentes significados atribuidos a este color en la Antigüedad. En los bárbaros del norte existen incluso tradiciones que se remontan a un origen oriental y que más tarde se combinaron con los emblemas del cristianismo.

Una divinidad eslava llamada Prono era representada sosteniendo una jabalina en una mano y un escudo rosa con puntos blancos en la otra, en forma de reja de arado. No sabemos qué

---

10. Noël, *Dictionnaire de la fable.*

era esta divinidad; ¿podría ser la que se invocaba en las ordalías o juicios de Dios, antes de la introducción del cristianismo? ¿No podríamos encontrar la etimología del nombre *Prono* en la palabra alemana *Probe*, «juicio»? La reja de arado era uno de los instrumentos utilizados para los juicios.[11] El color del escudo explica el significado de su forma.

Los puntos blancos, emblemas de la inocencia, suman trece, símbolo de la muerte incluso antes del cristianismo.[12] El color rosa representa la unión de la sabiduría y el amor divinos; dado que la jabalina y el escudo tienen el significado natural de ataque y defensa, estos símbolos podrían traducirse así: «En las batallas contra la muerte, o en las pruebas, la inocencia encuentra su protección en la sabiduría y el amor del Dios al que invoca».

Las tradiciones más antiguas del cristianismo concuerdan perfectamente con estos diferentes significados. En el siglo VII, según Beda, la tumba de Jesucristo estaba pintada de un color mezcla de blanco y rojo.[13]

La rosa blanca se convirtió en el emblema de la *sabiduría* monástica y de la renuncia al mundo. Según el *Palais de l'Honneur*, «Al escudo de armas de las monjas se añade una corona formada por ramas de rosa blanca con hojas, rosas y

---

11. «*Prono Aldenburgensium Slavorum idolum columnae impositum stans, altera manu vomerem, quo innocentia probari solebat, rosei coloris albis discriminatum panctis, altera vero hasta cum vacillo tenebat*». (*Schedius de Diis Germanis*, pág. 750).

12. El número doce era el número completo y perfecto; el número trece indicaba el comienzo de una nueva carrera, la vida, y, a partir de entonces, se convirtió en el emblema de la muerte.

13. «*Color ejusdem monumenti et sepulcri albo et rubicundo permixtus videtur*». (*Bed. Hist. Ang.*, lib. V, cap. 16).

espinas, que denota la castidad que han conservado en medio de las espinas y mortificaciones de la vida».[14]

Un cuadro de la escuela de Correggio (Museo Real, n.º 956) está impregnado de este antiguo simbolismo; san Francisco de Asís presenta a Jesús las rosas rojas y blancas producidas en enero por las espinas sobre las que había rodado para resistir a las tentaciones del espíritu de las tinieblas. La rosa roja indica la iniciación en el amor divino; la rosa blanca, la iniciación en la sabiduría divina; Jano preside el mes de enero, el portero del cielo abre el primer grado de los misterios, y en enero el Sol reanuda su carrera victoriosa y doma la escarcha y las tinieblas, emblemas del mal y del error. Encontramos el mismo pensamiento simbólico en el Domingo Loetare, que también se llama Domingo de la Rosa, porque el Papa bendice una rosa de oro y la lleva en procesión por las calles de Roma, para, dicen los místicos, representar la alegría de este día, que brilla como una rosa en medio de las espinas de la Cuaresma.

---

14. F. Anselmo, pág. 66.

EL PÚRPURA, EL JACINTO
Y EL ESCARLATA

El púrpura y el jacinto son dos tonalidades del mismo color fáciles de confundir, pero que tienen dos significados diferentes.

En la antigüedad, el púrpura era un color rojo teñido de azul; el púrpura, según los tratados de blasón, es una mezcla de azur y gules;[1] el arte heráldico ha conservado la tradición de los colores y la comprensión de sus significados. El rojo domina en el púrpura; en el jacinto, en cambio, el azul es el color principal. El jacinto oriental, o jacinto propiamente dicho, es un zafiro anaranjado.[2]

En el simbolismo de los colores mezclados, el tono dominante forma el significado general, y el matiz dominante lo modifica. El rojo es el símbolo del amor divino, el azul representa la verdad celeste; el púrpura se referirá, pues, al amor de la verdad, y el jacinto a la verdad del amor.

---

1. F. Anselmo, *Palais de l'Honneur*, págs. 1 y 12. *Cf.* La Colombière, *Science héroïque*.

2. Brard, *Traité des pierres précieuses*, págs. 72 y 73.

El escarlata era un tono de rojo con tinte amarillo; era el símbolo del amor espiritual, del amor del Verbo o de la palabra divina, como se deduce del significado del rojo y del amarillo.

Las vestiduras de los sacerdotes de Israel para el servicio del santuario y el traje de Aarón eran de púrpura, escarlata y jacinto. El púrpura dominaba todos los ornamentos del sumo sacerdote; teñía el sobrepelliz del efod y los cordones del pectoral; sólo él tenía derecho a llevar la túnica de jacinto.

En el significado de los colores, hemos notado una oposición que reaparece en el púrpura, el jacinto y el escarlata. Si el primero de estos tonos se refiere al bien, el segundo a la verdad y el tercero a la manifestación de ambos, se deduce que el púrpura se convertirá en el símbolo del mal, el jacinto del error y el escarlata de la producción del mal y la falsedad.

Es en este sentido que Jeremías dice de los falsos sabios que el jacinto y el púrpura son sus vestiduras. Ezequiel reprocha a Samaria su prostitución y dice que se enamoró de los asirios, que estaban vestidos de jacinto, porque ella había prostituido la verdad.

En el Apocalipsis, san Juan ve jinetes vestidos con corazas como de fuego, jacinto y azufre, y las cabezas de los caballos eran como cabezas de leones y salía de sus bocas fuego, humo y azufre, y por estas tres plagas, el fuego, el humo y el azufre que salían de sus bocas, murió la tercera parte de los hombres.[3] También encontramos, en el Apocalipsis, la bestia de color escarlata con un significado infernal.

El paganismo heredó estas tradiciones simbólicas, los antiguos veían, en los diversos tonos claros u oscuros del jacinto, los emblemas de los diferentes grados de virtud y vicio. Solino dice que el jacinto azul es precioso para los hombres virtuosos y

---

3. Apocalipsis, cap. IX, 17, 18. *Cf.* Richer, *De la Nouvelle Jérusalem*, tomo II, pág. 297.

desfavorable para los corruptos, y que la especie más bella brilla con un lustre mixto de luz y púrpura.[4]

Filóstrato da a los amores alas de púrpura y azur.[5]

En el lenguaje profano de los colores, el jacinto debía significar *la constancia en las batallas espirituales*; el azul designaba la fidelidad, y el rojo representaba la guerra o el combate. San Epifanio[6] compara las virtudes del jacinto con las de la salamandra. No sólo, dice Gregorio Nacianceno, la salamandra vive y se deleita en las llamas, sino que también extingue el fuego. El jacinto, dice san Epifanio, colocado en un horno ardiente, no es atacado por él e incluso extingue el fuego.

La salamandra y el jacinto eran símbolos de la fe constante, que triunfa sobre el ardor de las pasiones y las extingue; sometido al fuego, el jacinto se marchita y se vuelve blanco,[7] símbolo de la fe triunfante.

Solino afirma que el brillo del jacinto sigue los cambios de la atmósfera; que brilla bajo un cielo despejado y se oscurece bajo uno nublado; que resiste el grabado y sólo puede ser atacado por los diamantes.[8]

A pesar de la autoridad de Solino, existen grabados sobre el jacinto, casi todos del artista Aulo. ¿Acaso los antiguos desconocían el arte de grabar estas piedras preciosas? Sea como fuere, estaríamos completamente equivocados si pensáramos que las descripciones de animales, plantas y minerales transmitidas por la Antigüedad se refieren siempre a la historia natural.

---

4. *Solini Polyhistor,* cap. XXXIII.

5. Πτερά δε Κυανέα χαί φοινιχάò. (*Icono Filost.,* ib., I, pág. 738).

6. *De Gemmis,* lib. XII.

7. Brard, *Traité des pierres précieuses.*

8. Solino, cap. 33.

El simbolismo desempeña un papel muy importante, y en lo que Solino dice del jacinto, un escritor del siglo XVII[9] ve un emblema del hombre piadoso, cuya alma se abre a los rayos del amor divino y se entristece cuando deja de arder con él; ninguna fuerza humana puede domarlo; sólo Dios, como un diamante, deja su huella.

---

9. Caussin, *Polyhistor Symbolicus*, lib. XI, cap. 38. *Cf.* lib. IX, cap. 60.

EL VIOLETA

Según la regla que establecimos para los colores mezclados, el tono dominante forma el significado general y el tono dominado lo modifica.

Cuando los dos colores están en equilibrio, como en el violeta, donde el rojo y el azul aparecen por igual, el significado se deriva de los dos tonos primarios. Así, el violeta designará el amor de la verdad y la verdad del amor; incluirá en el mismo significado el sentido de la púrpura y del jacinto; formará la unión de la bondad y de la verdad, del amor y de la sabiduría.

Fue a través de la Pasión como Jesucristo identificó su naturaleza divina con la de Dios mismo; Dios es amor, Cristo es verdad; amor y sabiduría son los atributos de un solo Dios en el cielo; Jesús, volviendo a su Padre, unió el amor con la verdad a través de las tentaciones, la última de las cuales fue el suplicio de la cruz. Por esta razón, en los monumentos simbólicos de la Edad Media, Jesucristo lleva una túnica violeta durante la Pasión; este color representaba la plena identificación del Padre y del Hijo.

En Dios, el amor y la sabiduría son un mismo atributo dividido en el hombre; Jesús, como prototipo de la humanidad, lleva la túnica roja y el manto azul; despojándose de su naturaleza humana para unirse a Dios, se pone la túnica violeta; finalmente, tras su glorificación, es Dios mismo y aparece vestido de rojo y blanco, símbolos de Jehová.

En un contraste que acentuaba la identidad de Padre e Hijo en la divinidad, los artistas a veces daban a Dios la túnica violeta, como puede verse en las vidrieras de la iglesia de Saint-Jean de Troyes. Muchos manuscritos prerrenacentistas, evangelios, salterios y breviarios están escritos en letras de oro sobre vitela violeta; la Biblioteca Real posee varios de ellos; el lector tenía ante sus ojos constantemente la revelación representada por el oro y la pasión de Nuestro Señor, representada por el color violeta.

El Espíritu Santo tiene por símbolos al rojo y al azul, pero nunca al violeta; si el Espíritu Santo es Dios en nosotros, como amor y como verdad; y estos dos atributos no pueden estar íntimamente unidos en el hombre, sin identificarlo y aniquilarlo en Dios. Sin embargo, el violeta era el símbolo de las bodas místicas del Señor y la Iglesia: el Salvador unió su naturaleza humana a la divinidad mediante su pasión. Este sacrificio divino era la imagen de lo que el hombre debe realizar en esta Tierra; sólo en este mundo el hombre está llamado a las bodas celestiales; tras su glorificación, Jesús se quitó el manto violeta y nos dijo que en el cielo no habrá bodas, es decir, ninguna nueva unión entre Dios y el hombre.

El violeta se asignó a los mártires,[1] porque ellos sufrieron, siguiendo el ejemplo de su divino maestro, el suplicio de la Pasión.

---

1. Court de Gébelin, *Monde primitif*, tomo VIII, pág. 201.

Este color se adoptó para el luto de las personas de alto rango, la adulación les concedía la palma del martirio. Los reyes de Francia y los cardenales llevaban luto violeta.[2] Las iluminaciones de la Edad Media muestran a veces paños mortuorios de este color, como en el Breviario de Sarisbury.[3]

El violeta es también un emblema del luto en China.[4] Como hemos visto, el azul se asocia con los muertos y el rojo con los vivos.[5] El rojo representa el calor vital y el azul la inmortalidad; el violeta debió de ser el símbolo de la resurrección hacia la eternidad. También se encuentran amuletos de este color en las tumbas egipcias.

Debo mencionar aquí un hecho de la mayor importancia para la historia del simbolismo cristiano; el manto de Apolo era azul o violeta.[6] Esta divinidad, exiliada del Olimpo, se encarnó en la Tierra y cuidó los rebaños de Admeto y Laomedón. Apolo era la personificación del Sol, y Jesucristo es llamado el nuevo Sol.

Cualquier cristiano que piense que esta observación ataca a nuestra religión estaría lejos de comprender su majestuosidad.

---

2. «*Color enim violaceus lugubris nota est, proesertim apud reges quibus cardinales equiparantur*». (*Ciampini Vetera Monumenta*, vol. I, pág. 120).

3. *Breviarum Sarisber*, Mss. de la Biblioteca Real, siglo xv.

4. Prévost, *Histoire des Voyages*, tomo VI, pág. 152.

5. Prefacio al *Chu-king*, pág. xxij.

6. Winkelmann, *Histoire de l'Art*, vol. II, pág. 187.

EL NARANJA

El naranja o azafrán, compuesto de amarillo y rojo, se utiliza desde la antigüedad para significar la revelación del amor divino. El Mesías es llamado Oriente y, entre los griegos, la Aurora estaba adornada con un velo de color azafrán; las musas también llevaban vestiduras de color azafrán.[1] El velo de la Aurora era una imagen poética; el vestido de las musas recordaba una tradición sagrada; el color del azafrán indicaba la unión del amor de Dios (rojo) y la palabra santa (oro) que contenía todas las ciencias, todas las musas.

Baco es el mito representativo del Espíritu Santo. No reproduciré aquí las pruebas que establecí en el capítulo sobre el color rojo. Según Pólux, esta divinidad llevaba una vestidura de color azafrán y, en las representaciones escénicas, aparecía con este traje.[2]

La Oriflama era el estandarte de san Dionisio. El francés Dionisio, como hemos visto,[3] se identifica con el griego Dio-

---

1. Creuzer, lib. VI, pág. 755.

2. *Julii Pollucis Onomast*, lib. IV, cap. 18.

3. *Véase* el color rojo.

niso o Baco en el sentido de Espíritu Santo o santificación de las almas. El color del estandarte, o llama de oro, era el púrpura azur; sin embargo, el propio nombre de este estandarte demuestra que el oro formaba parte esencial del mismo; los dos colores que producen el naranja estaban separados en el estandarte, pero unidos en su nombre.

En el cristianismo, los colores azafrán y naranja eran símbolos de Dios, incendiando los corazones e iluminando los espíritus de los fieles; encontramos una segunda prueba de ello en los estatutos de la Orden del Espíritu Santo creada por Enrique III, que establecen que los caballeros llevarán la cruz de terciopelo amarillo anaranjado en sus casacas y la cinta de azur alrededor del cuello.[4] En las órdenes de caballería, los colores no se empleaban al azar.

En la Orden de Notre-Dame-du-Chardon, instituida por Luis II, duque de Borbón, en 1370, la cruz, esmaltada en verde, llevaba el lema *espérance* (esperanza). Los cuellos y sombreros de los caballeros eran verdes.[5]

La Cruz de la Caridad Cristiana, creada por Enrique II, era azul y llevaba el lema: *Por el servicio fiel.*[6] El cordón del Espíritu Santo es azul y, entre todos los pueblos de la Antigüedad, el azur estaba consagrado al Espíritu Santo; la cruz de terciopelo amarillo anaranjado no era, sin duda, casual. En el lenguaje divino, el color azafrán denotaba el amor divino revelado al alma humana, la unión del hombre con Dios.

En el lenguaje sagrado, el tono compuesto de rojo y amarillo era el símbolo del matrimonio indisoluble. La esposa del *flamen Dialis*, o sacerdote de Júpiter, llevaba un velo de este

---

4. F. Anselmo, *Palais de l'Honneur*, pág. 128.

5. Ibíd., pág. 129.

6. Ibíd., pág. 137.

tono y tenía prohibido el divorcio.[7] Por esta razón, según Festo,[8] las mujeres prometidas llevaban el *flammeum* o velo amarillo y de color llama como feliz augurio.

Virgilio regaló a Helena un velo nupcial de color azafrán.[9] El *flammeum* era el emblema de la perpetuidad del matrimonio terrenal, al igual que la oriflama era el símbolo de la eternidad de las bodas celestiales.

Según la regla de los opuestos, el azafrán y el naranja debían designar el adulterio; la flor de caléndula sigue siendo hoy, por su tonalidad, el atributo de los maridos engañados.

En contraste con su significado de amor a la verdad divina, el naranja pasó a designar el amor a la falsedad humana y se convirtió, en lenguaje heráldico, en el emblema del disimulo y la hipocresía.[10]

Asimismo, en la antigüedad, los colores azafrán y naranja representaban el adulterio vengado, el rojo significaba venganza y el amarillo adulterio. Una leyenda conservada por Plutarco confirma esta interpretación. Calírroe, hija de Foco, era pretendida por treinta jóvenes beocios; irritados por su negativa, mataron al padre y persiguieron a la hija. Estalla una guerra, los pretendientes mueren apedreados y de la tumba de la víctima vengada mana azafrán.[11]

Los antiguos esparcían flores de color azafrán sobre las tumbas,[12] tal vez para apaciguar a las deidades vengativas.

---

7. *Auli Gellii Noctes Atticae*, lib. X, cap. XV.

8. Festus, *verbo flameo*.

9. «*Et pictum croceo velamen acantho*». (*Aeneid*, lib. I, pág. 715. *Cf*. vers. 653).

10. La Colombière, *Science héroïque*, pág. 224.

11. *Cf*. Creuzer, *Religions de l'antiquité*, lib. VI, pág. 755.

12. Sainte-Croix, *Mystères du paganisme*, tomo I, pág. 286.

EL BRONCEADO

El filósofo Favorino decía que los ojos conciben más colores diferentes de los que pueden expresar las palabras.[1] Si cada matiz representara una idea y nuestros ojos pudieran captar las variedades, el lenguaje de los colores sería el medio más extenso y flexible de transmitir el pensamiento. Pero esta no es la riqueza de estos símbolos: sólo existen una veintena de combinaciones, y la mayoría de las lenguas ni siquiera han asignado un nombre a cada una de ellas.

Aulo-Gelio[2] ha dedicado un capítulo a mostrar la pobreza del griego y del latín a la hora de designar los matices de color; sus observaciones se centran principalmente en el color *rufus*, que los romanos utilizaban para designar el matiz del rojo y el negro, así como el rojo y el amarillo y otras gradaciones del color rojo.

Los traductores griegos y latinos han confundido aún más la designación de estos tonos. No siempre es fácil reconocer

---

1. *Auli Gellii Noctes Aticae,* lib. II, cap. XXVI.

2. Ibíd.

un matiz designado en los monumentos escritos; la misma dificultad existe para las pinturas de la Antigüedad o de la Edad Media, necesariamente alteradas por el tiempo; el color de los esmaltes y de las vidrieras cambia con la acción del fuego, la mayor o menor cocción distorsiona los tintes, al igual que la calidad de las sustancias minerales utilizadas; así el pardo parece a veces estar compuesto de negro y rojo o de negro y amarillo, pero la presencia del color infernal indica necesariamente el pensamiento del artista; los colores primitivos son siempre fácilmente distinguibles y los matices no son más que modificaciones de la idea principal que no pueden ignorarse.

El fuego en todas las religiones de la antigüedad era el símbolo del amor divino; la historia de los sacrificios lo demuestra: en todas partes las hostias consumidas en una pira constituyen la base del culto, así como el amor es la base de la religión.

El amor propio, el egoísmo, el principio de todos los vicios y crímenes, el ardor que todo lo consume del odio y de las pasiones, debieron tener el mismo símbolo, el fuego.

El Levítico utiliza esta palabra en su doble acepción. Los hijos de Aarón, Nadab y Abiú, tomaron cada uno un incensario, pusieron fuego e incienso en él y se presentaron ante el Eterno con fuego que no habían sacado del lugar donde se les había ordenado tomarlo: inmediatamente salió fuego de delante del Eterno y los destruyó en su presencia.[3]

La Biblia, como los libros sagrados de los pueblos antiguos, está escrita en un lenguaje simbólico. Lo que es cierto para los Vedas y los Puranas de la India, los Kings de China, los libros Zend de Persia, los anaglifos egipcios y la mitología griega y romana, debe serlo también para el Pentateuco; esto es lo que la crítica de Voltaire no debería haber olvidado.

---

3. Levit., cap. X. *Cf.* Num., II, 4 y XXVI, 61; Paral., XXIV, 2.

Para los cristianos, el testimonio de san Pablo es irrefutable. Nos enseña que la travesía del mar Rojo, el maná en el desierto y el agua que brotaba de la roca eran símbolos;[4] los Padres de la Iglesia explicaron la Biblia en este sentido.

El fuego infernal, por oposición al fuego divino, recibió como símbolos particulares al humo y la ceniza. El humo, que oscurece la llama, era el emblema de las tinieblas de la impiedad; las cenizas indicaban la muerte espiritual, consecuencia del egoísmo que devora y destruye la herencia celestial.

Para los hebreos, cubrirse de ceniza era señal de luto y del más profundo dolor;[5] el fuego y el humo en el lenguaje de los profetas y en el Apocalipsis representan los males y los errores del infierno.

Oseas dice de los impíos que han incendiado su corazón como un horno;[6] serán, dice, como el humo que sale de una chimenea.[7]

Dice Isaías: «La impiedad está encendida como un fuego; devorará las zarzas y los espinos y los matorrales del bosque; el humo orgulloso la rodeará; el pueblo será como alimento para el fuego; un hombre no perdonará a su hermano».[8] Así encuentra la impiedad su símbolo en el fuego terrenal que devora, y el orgullo en el humo que es inseparable de él.

El fuego, el humo y el azufre que salían de la boca de los caballos en el Apocalipsis eran igualmente imágenes del amor depravado y de la inteligencia pervertida.[9]

---

4. Primera Epístola a los Corintios, cap. X.

5. Jeremías, XIII, 18.

6. Oseas, cap. VII, 6.

7. Ibíd., cap. XIII, 3.

8. Isaías, cap. IX, 18-19.

9. Apocalipsis, cap. IX, 17-18.

La Biblia hace un uso tan frecuente de estos emblemas que sería necesario citarla en su totalidad; me limitaré a recordar sólo un pasaje más que explica una leyenda pagana. Abraham, mirando a Sodoma, Gomorra y toda la llanura, ve salir humo de ellas como humo de un horno;[10] tanto si los crímenes personificados por estas dos ciudades eran materiales, como dice la letra, o espirituales y religiosos, como quiere el genio de la Biblia, no es menos cierto que el amor réprobo se traduce en la lengua sagrada por fuego y humo.

Dice Solino, «En la campiña de Sodoma crecen frutos hermosos a la vista, pero que no pueden alimentar al hombre; su piel está cubierta de un hollín color de brasa; si los tocas, se convierten en humo y caen en cenizas»[11]. El color de las brasas, rojizo-negro, mezcla de fuego, humo, ceniza y hollín, es el símbolo del amor infernal y de la traición, como encontramos pruebas en el Génesis y en la simbología cristiana.

Esaú nació primero; era pelirrojo y por esta razón recibió el nombre de Edom, es decir, «el color del fuego», según la versión Septuaginta. La palabra Edom se utiliza en el Génesis, donde Esaú dice a Jacob: «Te ruego que me des de comer de este Edom», que se ha traducido como un plato de lentejas; el color de Esaú y del plato utilizado para vender la primogenitura era sin duda simbólico; Esaú fue traicionado por su hermano.

En el Apocalipsis, san Juan ve a Satanás en forma de dragón rojo: «Entonces apareció otra maravilla en el cielo: un gran dragón rojo, y este gran dragón, esta serpiente antigua, se llama diablo y Satanás».[12]

---

10. Génesis, XIX, 28.

11. Solino, cap. XXXVI.

12. Apocalipsis, cap. XII, 3 y 4.

Los cuatro caballos del Apocalipsis, distinguidos por cuatro colores, se explican ahora fácilmente.

El primer caballo era blanco y su jinete tenía un arco; recibió una corona y salió victorioso para conquistar de nuevo. El segundo caballo era rojo, y su jinete recibió el poder de quitar la paz de la Tierra, para que los hombres se mataran unos a otros; y recibió una gran espada. El tercer caballo era negro, y el que lo montaba tenía una balanza en la mano. El cuarto caballo era pálido, y el que lo montaba se llamaba Muerte, y el Infierno le seguía.[13]

El caballo blanco indica el poder de la luz sobre las tinieblas, del bien sobre el mal y de la verdad sobre la mentira. El caballo rojo es el símbolo del amor extinguido, del bien destruido; cuando el amor divino ya no anima a los hombres, surge la guerra y los pueblos se degüellan mutuamente. El caballo negro representa la falsedad, así como el caballo rojo es el símbolo de los males; los antiguos distinguían dos clases de negro, una que era la negación del rojo: es el rojo fuego o bronceado del Apocalipsis; y la segunda, el negro, la negación del blanco. El que monta el caballo negro sostiene una balanza que indica la evaluación de lo bueno y lo verdadero, representados por el trigo y la cebada, cuyas medidas sólo valen un denario, es decir, que no tienen valor. El caballo pálido lleva la muerte, la muerte espiritual que aparece en la Tierra cuando se destierran el amor y la sabiduría.

Las tradiciones paganas atribuyen el mismo significado al color bronceado, imagen del fuego del infierno.

El Génesis de los Parsis dice que «Ahriman entró en el fuego y produjo humo, humo tenebroso. Asistido por un gran número de *devs*, se mezcló con los planetas, se midió con el cielo de los astros, se mezcló las estrellas fijas y con todo lo que se había

---

13. Apocalipsis, cap. VI, 2 y ss.

formado; e inmediatamente se elevó humo en los diversos lugares donde había fuego».[14]

Los cabalistas hebreos, que habían tomado prestadas algunas de sus doctrinas de Persia, establecieron que la severidad, una de las diez emanaciones divinas (Sefirot), se caracterizaba por el fuego rojo y negro.[15]

En la India, los mismos símbolos representan las mismas ideas; el amor divino que reposa en el corazón es, según la filosofía hindú, una llama clara y sin humo.[16] Debemos concluir de ello que el fuego oscurecido por el humo es el símbolo del amor al mal.

Shiva es el principio destructor y regenerador en la mitología hindú; nació entre lágrimas; todos los males que afligen a la humanidad proceden de Shiva; se le representa cubierto de cenizas, con el pelo erizado de llamas, llevando un collar de cráneos humanos; su color es el marrón.[17]

Shiva es el representante de la muerte material y de la regeneración espiritual; bajo el primer aspecto es marrón y bajo el segundo se le atribuye el símbolo de la luz, triunfante sobre las tinieblas, el color blanco. Los que le invocan en el sacrificio llamado Assua-Meda «llenarán de agua un cráneo humano y lo rociarán sobre todo lo que se vaya a utilizar para el sacrificio. A continuación, representará al dios Shiva de blanco, vestido con una piel de tigre, con el cuerpo cubierto de ceniza y ceñido de serpientes, tras lo cual le ofrecerá el sacrificio y dirá: "¡Shiva! ¡Eres un demonio; eres el jefe de los demonios! ¡Aleja de nosotros todo lo que pueda dañarnos! ¡Aleja de aquí a todos los

---

14. *Boun-Dehesh*, pág. 355.

15. Matter, *Histoire du Gnosticisme*.

16. Colebrooke, *Philosophie des Hindous*, pág. 171.

17. Extracto del *Shaster*, discurso preliminar del *Bhagavad Gita*.

demonios, para que no perturben mis sacrificios! Como tú eres el único que puede ponerlos en fuga, ¡me dirijo a ti para ello! Dígnate concederme mis deseos"».[18]

Las pinturas indias confirman el significado del color marrón; un monumento del Museo Borgia de Velitri[19] representa a dos gigantes cubiertos con vestiduras divinas; se les encomienda entregar al dios Krishna a la muerte; uno tiene la cara roja, el otro verde; el papel de estas dos figuras se expresa en sus rostros mediante los dos colores que representan el egoísmo y la locura infernal en su grado final. Estos colores adquieren aquí su significado negativo u opuesto; pero para que nadie pueda malinterpretar el valor de estos símbolos, el mismo tema se reproduce con colores positivos; los dos gigantes están desnudos, uno es de color rojo oscuro o bronceado; el otro es completamente negro: aquí encontramos de nuevo el egoísmo infernal y la falsedad infernal absoluta.

En el primer tema, los dos gigantes están vestidos con ropajes divinos y del mismo modo toman prestados los colores divinos que falsifican; en el segundo tema, están desnudos y aparecen en su propia naturaleza; ya no se limitan a negar lo que es bueno y verdadero, sino que afirman lo que es malo y falso.

Las creencias de Egipto estaban más en consonancia con las de los hebreos que las doctrinas de la India o de Persia; el color bronceado debió de tener los mismos significados en Tebas que en Israel.

«Las terribles y odiosas oscuridades», dice el *Poimandres* «se derrumbaban, y me parecía que se metamorfoseaban en princi-

---

18. Dubois, *Théogonie des Brahmes*, pág. 42.

19. Paulinus, *Musaei Borgiani Codices*. Mss., pág. 225.

pio húmedo; agitadas, vomitaban *un humo como fuego*».[20] Éste es el principio; ésta es la aplicación.

Según Plutarco y Diodoro de Sicilia, los egipcios representaban a Tifón como un pelirrojo, una mezcla de rojo y negro, o, para utilizar la expresión griega, como el color del fuego.[21] Tifón es la personificación del mal; no es, dice Plutarco, sólo la sequía, el viento o la oscuridad lo que se llama Tifón, sino todas las cosas dañinas.[22] Todo lo que en la naturaleza es de color bronceado, de color rojizo-negro, estaba consagrado a Tifón; por esta razón, en los días de calor abrasador, los reyes de Egipto sacrificaban y quemaban hombres pelirrojos sobre la tumba de Osiris.[23] Estos sacrificios, mencionados por Manetón, ya no existían en la época de Diodoro Sículo, quien se refiere a ellos como una antigua costumbre. Esta observación es notable, ya que demuestra que la degradación del culto egipcio se remonta a los tiempos más remotos. El sacrificio humano era un símbolo moral materializado; la primera revelación divina había enseñado a los hombres que debían inmolar al hombre carnal sacrificando sus pasiones egoístas; la iniciación era, por esta razón, una imagen de la muerte. Cuando el culto degeneraba, y el símbolo ya no se comprendía, se degollaba al hombre: se creía que la sangre redimía; esto es cierto del egipcianismo y del mitraísmo, y, ¿lo creeríamos, del cristianismo? El Dios de la paz y del amor se convirtió en una divinidad de la venganza y de la carnicería. La muerte del Mesías, el sacrificio que debía abolir los sacrificios materiales y restablecer el sacrificio moral,

---

20. *Poimandrés*, cap. I.

21. *Diodori Siculi,* lib. I, pág.79.

22. Plutarco, *De Iside…*

23. *Diodori Siculi,* lib. I, pág. 79. Jablonski, *Panth. Aegypt.*, lib. V, pág. 44. *Witsi Aegypciaca*, pág. 33.

no fue comprendida e imitada como el mayor de los símbolos, sino que, tomada literalmente, hubo que degollar al hombre para redimir su alma.

No entraré en la historia de las matanzas originadas por este dogma, ni en la conquista de América por parte de los españoles y en las hogueras de la Inquisición. ¿Puede sostenerse la doctrina de la expiación por la sangre ante estas terribles consecuencias?

Los sacrificios humanos fueron abolidos en Egipto y sustituidos por bueyes rojos, siguiendo sin duda la institución primitiva que encontramos entre los hebreos en la ceremonia de las aguas lustrales, con las que se rociaba al hombre inmundo después de haber echado en ellas las cenizas de una vaca roja que se quemaba fuera del campamento. El sacerdote arrojaba al fuego del sacrificio madera de cedro, hisopo y un poco de escarlata.[24]

El simbolismo egipcio no sólo reproduce los emblemas del mosaico, sino que también reaparece en el cristianismo. Tifón, el genio maligno, era de color rojo y tenía forma de serpiente,[25] como el dragón rojo que es el diablo y Satanás según el Apocalipsis.

¿Las fábulas griegas se tomaron prestadas de Egipto, India y Persia, o se originaron en Grecia? Sea como fuere, encontramos en la mitología de este pueblo el mismo diccionario simbólico que en las naciones que le precedieron en la civilización, y el color que nos ocupa es otro ejemplo de ello. El amor divino y el amor infernal tenían sus símbolos opuestos en el fuego puro o celeste y el fuego impuro o terrenal. La mitología griega reproduce este dogma en el Dios del fuego puro, el Vulcano ce-

---

24. Números, cap. XIX.

25. Lenoir, *Explication des hieroglyphes, verbo* TYPHON; y Richer, *De la Nouvelle Jerusalem*, II, pág. 126.

leste, esposo de Minerva y padre del Sol, y el Vulcano terrestre, enemigo del Sol, aborrecido esposo de Venus y padre de dos monstruos, Caco y Coéculo.

Vulcano, el enemigo de Apolo, se identifica con Tifón, el enemigo de Osiris, y con Caín, el asesino de su hermano. Caín, Tubalcaín y Vulcano son los inventores del arte de forjar los metales;[26] representan el fuego subterráneo o infernal, al igual que Abel, Apolo, Abelios y Osiris son símbolos del fuego celeste.

Vulcano fue arrojado del cielo a causa de su repulsiva fealdad; cuando cayó en la Tierra, fue acogido en los brazos de los habitantes de Lesbos; pero aquí abajo, su deformidad se hizo aún más espantosa: en su caída, se rompió una pierna y quedó cojo.

Esta divinidad era un símbolo de las pasiones vergonzosas y criminales expulsadas del cielo, morada de la belleza moral, y que cojean en esta Tierra. El fuego oscuro de la fragua y el hierro son los dos símbolos del mal y de la falsedad que encontramos en todos los códigos sagrados.

Los cíclopes negros, hijos de Neptuno y Anfitrite, son los servidores de Vulcano; habitantes de las cavernas oscuras, su destino es el trabajo. Esta fábula parece retratar a los profanos. Los cíclopes sólo tienen un ojo para guiarse por sus oscuros retiros; están muertos para la existencia espiritual y sólo adquieren la vida convirtiéndose en hijos de Neptuno y Anfitrite, es decir, por iniciación a través de las aguas. Junto a los cíclopes aparecen los hijos de Vulcano, Caco y Coéculo, criminales endurecidos que nunca tomaron vida de las fuentes bautismales; son ciegos como la turba vulgar que languidece en las tinieblas

---

26. El Génesis dice que Caín construyó la primera ciudad y que Tubalcaín forjaba instrumentos de bronce y de hierro. (Génesis, cap. IV, 17-22).

de la ignorancia y los vicios. El feroz Caco vomita torrentes de fuego negro.[27]

La fábula griega continúa sus alegorías tomándolas prestadas de Egipto: Tifón se casa con Neftis, la Venus egipcia; Osiris se une a esta diosa, pero en secreto; del mismo modo, Vulcano se casa con Venus y Marte la seduce. Marte era el símbolo del amor divino que lucha en el corazón del hombre para regenerarlo; Venus representaba la belleza moral adquirida a través de la iniciación; Vulcano era la personificación del mal, de la materia y de las pasiones carnales del hombre; el mito cantado por Homero[28] era sin duda una leyenda sagrada cuyo significado puede rastrearse fácilmente.

El matrimonio de Vulcano y Venus representa la unión del alma y el cuerpo. Marte, o el amor divino, aleja el alma de su amor terrenal; pero la inteligencia humana, representada por el Sol material, advierte las pasiones que despiertan y, bajo el símbolo de Vulcano, atan a Marte y Venus en lazos imperceptibles pero indisolubles. Esta primera parte de la fábula muestra que el hombre no puede hacer nada por sí mismo y que su inteligencia sólo sirve para apretar sus cadenas terrestres.

La segunda parte del canto de Demódoco se refiere a la iniciación que libera al alma de sus lazos carnales; los dioses acuden a contemplar la venganza de Vulcano, Apolo pregunta a Hermes si quiere pasar la noche en brazos de la rubia Venus, y Hermes-Anubis es el conductor de los iniciados. Su traje, mitad blanco y mitad negro, indica que conduce a la luz a las almas sumidas en la oscuridad; pero Hermes es sólo el mensajero de los dioses, no puede romper las redes de Vulcano. Ese honor corresponde a Neptuno, el dios del agua; Vulcano cede

---

27. «*Huic monstro Vulcanus erat pater: illus atros / Ore vomens ignes, magna se mole ferebat*». (Virgilio, *Aeneid.*, lib. 8).

28. *Odisea*, cap. VIII, vers. 266 y ss.

a su petición y libera a la pareja encadenada. ¿Acaso no era la ablución bautismal la primera etapa de la iniciación?

Armonía nació de la unión de Marte y Venus;[29] esta divinidad era la personificación de la música sagrada, es decir, del conocimiento adquirido a través de la iniciación que restablecía la armonía entre el Creador y la criatura. La música Minerva y Moisés, iniciado en toda la música de los egipcios, nos lo enseñaron.

Los mitos sagrados de Grecia nos cuentan también que Cadmo, tras haber llevado a Grecia el uso del alfabeto y el culto a las divinidades egipcias y fenicias, se casó con Harmonía, que había enseñado a los griegos los primeros elementos del arte que lleva su nombre.

Enlazando todas estas historias en un solo pensamiento, queda muy claro lo que los sacerdotes querían decir con las aventuras de Osiris y Neftis, Marte y Venus. El dios de la luz, Osiris, y el dios de la guerra, Marte, atraen y seducen a la belleza. De este modo, el hombre regenerado lucha contra sus pasiones terrenales, triunfa sobre su naturaleza caída y, desde los brazos de la muerte, se eleva hacia su Creador, hacia el Dios de los ejércitos, el Dios de la victoria, la paz y la armonía.

El antagonismo entre el amor al bien y el amor al mal adquirió una nueva forma en los mitos de Eros y Anteros. Eros es la divinidad del amor; Anteros es su opuesto o contraamor. En el lenguaje profano, Anteros era el emblema del amor recíproco; pero en la doctrina esotérica de los templos, Anteros nació de la noche y del Erebo; sus compañeros son la embriaguez, el dolor y la lucha; sus flechas de plomo excitan pasiones brutales que arrastran a su paso la saciedad, mientras que el verdadero amor dispara flechas de oro que inspiran la alegría pura y el afecto virtuoso y sincero.

---

29. *Apolodoro*, lib. III, 2.

Eunapio relata en la *Vida de Porfirio* que este filósofo evocó a estas dos divinidades. Eros aparecía blanco como el loto y sus cabellos eran dorados; Anteros tenía los cabellos *negros y de un rojizo ardiente.*[30]

El mito de Atis nos enseña también que en Grecia el rojo-negro era el color de los traidores. La Tierra ordenó a su hijo que no la abandonara, pero Atis huyó. Cuando llegó al final de un bosque, Corybas, o el Sol, instó a un león rojo-negro a que lo denunciara.[31]

El simbolismo de las gemas ofrece un ejemplo del significado del color leonado o bronceado.

El ágata, según el poema de Orfeo sobre las piedras, es variada y de distintos colores, pero la especie más preciada tiene el color leonado, dividida por manchas heroicas,[32] amarillas, blancas, negras y verdes. Esta piedra cura la picadura del escorpión, concede el don de gustar a las mujeres y de amansar a los hombres por medio de argumentos. Bajo sus influjos auspiciosos, el viajero siempre llega felizmente a su casa con las riquezas que ha amasado. El enfermo recupera la salud, quien la sostiene en su mano no puede ser vencido. Añade Orfeo, «Reflexionad por qué Cloto ha cortado el hilo de la vida de este hombre, por qué ha llegado su último día».

La piedra leonada es el emblema del hombre carnal entregado a sus pasiones; los tres colores, blanco, amarillo y verde, indican los tres grados místicos, o Dios, revelación y regenera-

---

30. Αἱ ἰόμαι μελάντεραί τε χαί ἡλιῶσαι. (*Eunapius de vitis philosophorum*, pág. 73).

31. Sainte Croix, *Mysthères du paganism,* tomo I, pág. 90. El Sr. Silvestre de Sacy, al traducir el pasaje de Juliano, de donde tomó el mito Sanite-Croix, lo deja en: «¿Cuál es, pues, este león? Nos dicen que era de un rojo ardiente».

32. Semidivinas, ἡμιθέοισι.

155

ción: el negro marca las tentaciones y los errores; estas manchas se llaman heroicas, porque la vida es una lucha entre la verdad y el error, y entre el amor divino y el egoísmo. Quien posee las cualidades celestes de esta piedra no puede ser vencido; Cloto corta entonces el hilo de su vida y, a través de la muerte, adquiere el premio de la victoria, la corona de la inmortalidad.

«Cuidado» añade Orfeo más adelante, «ármate contra la negra raza de la serpiente y, sabiendo que la piedra es sangrienta, ordena a tus compañeros que beban con las ninfas de la copa de las Náyades». Era imposible que los iniciados en los misterios se expresaran con mayor claridad.

La mitología islandesa, reproduciendo el mismo dogma, parece traducir este último pasaje de Orfeo. Según el *Voluspa*, en el fin del mundo, los hermanos se matarán entre sí, los padres olvidarán los lazos de parentesco; la vida será una carga, y el adulterio será lo único que se verá. ¡Una edad bárbara, una edad de espadas! ¡Una edad de tormentas! ¡Una edad de lobos! Los escudos se harán pedazos, y las desgracias se sucederán hasta el fin del mundo; entonces el negro, el príncipe del fuego, saldrá del sur rodeado de llamas, y el universo se consumirá en un *fuego negro*. Sólo una pareja escapará al fuego y al diluvio universales; se alimentará de rocío y producirá tantos descendientes que la Tierra pronto se cubrirá de nuevos habitantes.[33]

La última pareja se alimentará de rocío, es decir, del amor y la sabiduría de Dios, como explicamos en el capítulo sobre el color rosa; el significado de este símbolo aquí no puede ponerse en duda, ya que la nueva existencia de los hombres regenerados se opone a los vicios de las generaciones destruidas. La raza negra de la serpiente y la copa de las Náyades de las que habla Orfeo se encuentran en el negro, el principio de los genios del fuego y el rocío de la *Voluspa*.

---

33. *Edda*, fábulas 32-33 y las observaciones de Mallet.

El simbolismo cristiano reprodujo los distintos significados atribuidos al color bronceado en la Antigüedad. El dragón rojo del Apocalipsis y el fuego del infierno, mencionados en los Evangelios, indican el significado del negro rojizo utilizado en las vidrieras y miniaturas de la Edad Media.

La catedral de Chartres ofrece un ejemplo que reclama toda la atención de los arqueólogos. Encima de la puerta de entrada principal, bajo la rosa de la derecha, una vidriera representa la cosmogonía india tal como se describe en el *Bagavadam*: «En la plenitud del tiempo, llamada Calpan», dice este libro sagrado, «el universo había regresado al seno de Vishnu. Este dios, absorto en la tranquilidad de un sueño contemplativo, yacía sobre la serpiente Ananta Shesha y llevado sobre el mar de leche… El destino hizo que del ombligo de Vishnu surgiera un tallo de tamarey (loto), y al final de este tallo apareció una flor que floreció bajo los rayos del Sol divino, que es el propio Vishnu. Brahma fue creado en esta flor con cuatro caras, símbolo de los cuatro Vedas».[34]

En la vidriera de Chartres, Vishnu, vestido de azul y rojo, yace sobre el mar de Leche blanco amarillento; sobre él está el arcoíris rojo, y del vientre de Vishnu emerge el loto blanco.

El panel superior muestra a Brahma con sus cuatro caras y la corona sobre su cabeza. Brahma está casi desnudo; su piel es bistre o bronceada; lleva un manto verde que le cubre la parte inferior del cuerpo; descansa sobre el loto y sostiene un tallo en cada mano. Las ventanas superiores, separadas por marcos de hierro, representan asuntos correspondientes a Brahma; finalmente, en la última ventana, la más alta, aparece Jesús, vestido con una túnica azul y con un manto bistre; sobre su cabeza desciende el Espíritu Santo en forma de paloma blanca. El loto que sale del vientre de Vishnu se eleva hasta Jesucristo, donde

---

34. *Bagavadam*, pág. 62.

florece plenamente. Esta vidriera, anterior al Renacimiento, prueba que los mitos orientales se comunicaban en la época de las Cruzadas: une los símbolos de la iniciación cristiana con los de la iniciación india.

Vishnu, tendido sobre el mar de leche y creando el mundo, es el símbolo del bautismo que da la vida espiritual al hombre, imagen del universo; la regeneración, como hemos visto, tomaba a menudo como símbolo la formación del mundo; Vishnu está envuelto en azul y rojo, colores que expresaban el doble bautismo del espíritu y del fuego, de la verdad y del amor. Brahma nace en el seno de un loto, emblema de la regeneración adquirida por las aguas bautismales; en esta vidriera, es el símbolo del hombre venido al mundo y circunvalado por el espíritu de las tinieblas; su color es el del infierno, bronceado o rojo-negro; pero tiene un manto verde que expresa un primer grado de regeneración. Jesús, que aparece en la parte más alta de la ventana, muestra la meta hacia la que deben tender los fieles; su manto azul indica que es el Dios de la verdad; el Espíritu Santo, que se cierne sobre su cabeza, repite el mismo pensamiento, el manto bistre del Señor atestigua que bajó a esta Tierra para vencer al espíritu del mal. Satanás aparece a veces dibujado con cuatro caras en las pinturas medievales; veo dos ejemplos en los *Emblemas bíblicos*, un manuscrito de la Biblioteca Real del siglo XIII; las vidrieras de Chartres deben datar de esta época.[35] Así, el diseño y el color de Brahma se relacionan con el genio infernal.

La catedral de Chartres utiliza con frecuencia el marrón rojizo o bistre en este sentido; en la primera ojiva de la nave lateral del coro, a la derecha, vemos una Última Cena: a la izquierda de Cristo, dos figuras, vestidas con un traje bistre o bronceado, parecen discutir, y Jesús les señala con la mano.

---

35. *Emblemata Biblica*, Mss. de la Biblioteca Real, cota n.º 37.

¿Será Judas que traiciona a su maestro y Pedro que lo niega? La tradición atribuye a Judas el pelo rojo. En la parte inferior de esta escena aparece el diablo, de piel bistre, hocico rojo y vestido con una especie de túnica o enagua verde. A la derecha, Jesús es tentado, lleva un manto bistre; la piel del diablo es roja y su túnica blanca; este cambio de traje demuestra la acción de la tentación: Satán toma prestado el lenguaje del dueño del universo, los papeles se cambian como los colores. A la izquierda de este tema, otra vidriera representa de manera similar la tentación de Jesús; éste sigue vestido con un manto de bistre; la piel de Satanás es verde, tiene grandes ojos verdes; su cabeza y sus enaguas son rojas.

En la parte superior de esta ojiva, la Virgen aparece vestida de azul; en su regazo descansa el Niño Jesús vestido de color bistre. Este color indica que el niño divino nació en pecado, como los otros hombres, y para salvarlos se unió a todas sus miserias.

Un manuscrito del siglo VIII, uno de los más curiosos de la Biblioteca Real,[36] ofrece la prueba de que en aquella época el rojo-negro era el símbolo del genio infernal; dos diablos de este color se apoderan del alma de un hombre que se precipita desde lo alto de una torre; esta miniatura recuerda una de las figuras de la baraja del tarot, explicada por Court de Gébelin.[37] En la misma página, vemos el descenso de la Cruz; la Cruz es de color rojo oscuro, porque Jesús venció el infierno a través de esta última tentación.[38] Por último, el mismo manuscrito

---

36. Mss. de la Biblioteca Real, cota n.º 641.

37. *Monde Primitif*, tomo VIII, pág. 176.

38. Poseo un grupo de madera pintada y esculpida que representa a Jesús arrancando las almas del infierno; el diablo es negro y rojo; las almas son de color bistre o bronceado; el cuerpo de Cristo es de color bistre y su manto negro ribeteado de rojo.

representa a san Miguel matando a un dragón rojo oscuro, que recuerda evidentemente al dragón rojo del Apocalipsis.

El simbolismo cristiano, como el de los pueblos antiguos, asignaba el significado de la muerte espiritual al color de la hoja muerta. Dice La Colombière: «Vemos por experiencia que, cuando las hierbas o las hojas de los árboles se secan, vuelven de su verde al amarillo, ya que el azul celeste que les daba vida, evaporándose de la mezcla, se convierten en un amarillo oscuro, que por esta razón llamamos hoja muerta».[39]

Dice Isaías: «Los propios prados de Nimrim carecerán de agua y ya no darán heno, la hierba se secará y ya no habrá verdura».[40]

La hoja verde era el símbolo de la regeneración y la hoja muerta de la degradación moral. El universo material era visto como el jeroglífico del mundo espiritual; si esta doctrina es falsa, no carece ni de poesía ni de grandeza.

La mística de cada época toma prestado el mismo lenguaje en todas partes. Las visiones de la hermana Emmerich ofrecen una prueba de ello; ella ve el infierno como una esfera de fuego oscuro. Describiendo la Pasión, dice: «Caifás era un hombre de aspecto grave; su rostro estaba inflamado y amenazador; llevaba una larga túnica de color rojo oscuro, adornada con flores y flecos dorados».[41]

En la Antigüedad y en la Edad Media, el color moreno o marrón seguía siendo señal de luto. Los judíos llevaban cilicios negros o marrones.[42] En las pinturas antiguas que representan la Pasión de Cristo, a menudo vemos figuras vestidas con tú-

---

39. *Science héroique.*

40. Isaías, XV, 6.

41. *La douloureuse passion de N. S. Jésus-Christ*, págs. 118-124.

42. André Lens, *Costumes de l'antiquité*, pág. 223.

nicas marrones. Varias órdenes religiosas adoptaron este traje como símbolo de su renuncia al mundo y de la lucha que debían librar contra el infierno.

Los moros atribuían las mismas ideas a este color; era el emblema de todo lo malo y, combinado con los demás tonos, les daba un significado nefasto, como puede verse en esta lista.

Blanco y bronceado:	Suficiencia.
Rojo y bronceado:	Toda la fuerza perdida.
Verde y bronceado:	Risa y llanto.
Negro y bronceado:	Tristeza, el mayor dolor.
Azul y bronceado:	Paciencia en la adversidad.
Encarnado y bronceado:	Felicidad y desgracia.
Violeta y bronceado:	Amor no permanente.
Gris y bronceado:	Esperanza incierta, paciencia a la fuerza, comodidad en el dolor.
Bronceado y blanco:	Arrepentimiento, inocencia simulada, justicia perturbada y alegría fingida.
Bronceado y rojo:	Valor fingido, preocupación demasiado desapacible, dolor demasiado furioso.
Bronceado y violeta:	Amor turbado, lealtad mentirosa.
Gris, bronceado y violeta:	Deslealtad o esperanza en amores dolientes.

El bronceado se compone, según el arte heráldico, de gules y sable, o sea de rojo y negro; no se empleaba en el blasón de Francia, pero fue adoptado en algunas otras naciones extranjeras, particularmente por parte de los ingleses.

EL GRIS

La mezcla de blanco y negro, o el color gris, fue en el cristianismo el emblema de la muerte terrestre y la inmortalidad espiritual. En Europa, el duelo fue primero negro, luego gris y finalmente blanco, el triple símbolo de la inmortalidad que surge de la muerte.

En las pinturas religiosas de la Edad Media, el gris representa la resurrección de los muertos y la resurrección de la carne; la unión de los colores distintivos de la divinidad y de la carne representaba bastante bien este dogma del alma que reencuentra su nueva sustancia corpórea en su nueva vida; estas observaciones me han sido dictadas por el examen de algunas miniaturas de los siglos XIV y XV, que representan el juicio final.

Una de estas pinturas que poseo representa a Jesucristo apoyando los pies sobre el Sol; está sentado sobre un círculo de oro, jeroglífico que en Egipto representaba el curso del Sol y un período cumplido; el círculo de oro es también aquí el signo del fin del gran ciclo o del fin del mundo y, por consiguiente, del Juicio Final. El Señor está rodeado por un limbo rojo que, a medida que se aleja, se vuelve amarillo y azul: estos tres colores de la Trinidad anuncian la omnipotencia de Cristo.

El manto con el que está vestido es gris con un forro verde; en general, el color exterior del manto se refiere al hombre exterior o carne, así como su color interior indica el hombre espiritual o alma. El manto de Dios tendría aquí, pues, el significado de la resurrección de la carne prometida a los regenerados.

Dos apóstoles arrodillados imploran la clemencia divina, mientras que al sonido de la trompeta angélica dos muertos rompen sus tumbas. El ángel del juicio tiene alas verdes, anunciando su mensaje de regeneración y nueva vida; su manto rojo indica el reino de los cielos, que es el amor divino.

El cuadro está dividido en dos partes, que representan a los elegidos y a los condenados; a la derecha de Dios está san Pedro, con su túnica azul y su manto rosa; estos colores indican el bautismo del espíritu (azul) y la vida del amor y la sabiduría (rosa); sobre el apóstol, un elegido, adornado con cabellos dorados, se levanta del sepulcro.

San Juan Bautista está a la izquierda de Cristo, vestido con una túnica negra enriquecida con oro; su barba y sus cabellos son verdes; implora la clemencia divina para los hombres que no han recibido otra regeneración que la de la aspersión bautismal, marcada por la barba y el cabello verdes, mientras que el alma, indicada por la túnica negra, ha permanecido muerta a la luz divina, representada por los hilillos de oro. Encima del precursor se eleva un condenado, sus cabellos negros contrastan con los dorados del elegido. Este cuadro recuerda el mito de Eros y Anteros.[1]

Dos viñetas del Breviario de Sarisbury, manuscrito del siglo xv conservado en la Biblioteca Real, reproducen el mismo tema con algunas variaciones; en una esfera púrpura y verde, radiante de oro, está la Santísima Trinidad; Dios y Jesucristo están cubiertos con un manto gris forrado de verde.

---

1. *Véase* el capítulo del color bronceado.

Uno de los significados del color blanco es la *inocencia*; por el contrario, el negro expresa la culpabilidad; la combinación de estos dos colores o el gris indica, en el lenguaje profano de los colores, la inocencia calumniada, *ennegrecida* y condenada por la opinión o la ley.

Froissart relata una anécdota singular que se explica por el simbolismo de los colores. En 1386, el Sieur de Carouges acusa a Jacques de Gris de seducir a su esposa. Se ordena un duelo, Jacques de Gris es derrotado, muere y se reconoce su inocencia.[2]

El rojo, en el sentido material y popular, indica venganza y sangre, del mismo modo que el gris significa inocencia acusada. Una leyenda islandesa parece haber dado origen a este cuento popular; Karl-el-Rojo, de quien, por abreviatura, recibió el nombre de Carouges, es la personificación de la venganza y de las guerras familiares tan comunes en el norte de Europa durante la Edad Media; el segundo personaje, llamado Gris, promete ayudar a Karl-el-Rojo en una de sus expediciones. Sin embargo, avisa al enemigo, entra en combate y lucha contra el hombre al que acaba de poner en guardia. ¿Ha roto Gris su juramento? ¿Ha demostrado una lealtad exaltada? Las dudas que puedan surgir al respecto quedan expresadas por su nombre.[3]

Todavía encuentro un vestigio del simbolismo de los colores en la palabra «gris», tomada en el sentido de media embriaguez; la razón y la sabiduría estaban representadas por el blanco, así como las pasiones vergonzosas por el negro.

---

2. *Cf.* Anselmo, *Palais de l'Honneur*, pág. 89.

3. Véase el diario *Le Temps* del 13 de septiembre de 1835, que toma esta leyenda islandesa del *Morgenlatt*.

RESUMEN

La unidad que domina el simbolismo de los colores está desapareciendo en medio de los avances científicos, por lo que es necesario echar un rápido vistazo a este sistema para sacar a la luz su asombrosa lógica.

No repetiré la formación de este lenguaje y su evolución en la historia de la humanidad; me limitaré a mencionar aquí los hitos que han marcado nuestro progreso en esta investigación.

El blanco refleja a todos los rayos luminosos y el universo emana de Dios. Los profetas de Israel nombraron la sabiduría divina, la pureza de la luz eterna, la imagen de su bondad, y en sus sagradas intuiciones vieron a Jehová revestido del manto blanco; así, en la transfiguración, el Señor apareció radiante de luz.

El bien se opone al mal, la verdad al error, la sabiduría a la necedad y las tinieblas a la luz, como el negro al blanco.

Donde termina la acción de la luz, aparecen las tinieblas; donde se detienen los rayos de la sabiduría divina, comienzan el mal y el error. El hombre, situado en el centro de estos dos mundos, es libre, pues puede elegir; es en su mente, en el fondo de su corazón, donde las dos potencias enemigas, el bien y el mal, libran una batalla perpetua.

Las cosmogonías de todos los pueblos reproducen este dualismo, y Persia, yendo más allá de la meta, da al mal una existencia positiva, cuando no es más que una privación del bien y una negación de la verdad.

En el Génesis, como en Egipto, la India y Grecia, en todas partes, la luz increada es el símbolo divino, y el blanco es el color consagrado al Ser Supremo.

El sacerdocio representa en la Tierra al Dios que está en el cielo; Aarón está vestido de blanco, la tribu de Leví lleva túnicas de lino, y los sacerdotes de Egipto no pueden llevar otro traje; los pontífices de Júpiter están vestidos de blanco, las víctimas ofrecidas son blancas; Pitágoras les ordenó llevar este color al cantar los himnos sagrados.

En Asia, tanto los brahmanes como los magos adoptaron este traje, que todavía llevan los parsis. Atravesando los desiertos de Tartaria, este símbolo se encontró entre los escandinavos, los germanos y los celtas, y Plinio lo reconoció entre los druidas.

El cristianismo resucita antiguos símbolos, y sólo el Papa viste de blanco, porque representa la unidad de Dios en el cielo y la unidad de la Iglesia en la Tierra.

La regeneración sólo puede realizarse por acción divina; los regenerados están en Dios, y las vestiduras blancas dan testimonio de su admisión en los atrios celestiales.

Desde entonces, el blanco fue un color mortuorio; en el Apocalipsis, la túnica blanca era el premio de la victoria; en Egipto, los espíritus se vestían con ella y los muertos eran enterrados con sudarios blancos. Grecia adoptó esta costumbre y el cristianismo la consagró.

Ser regenerado es morir al mundo, y esta muerte no es la muerte de la tumba. En todas partes, los neófitos, los hijos de

Dios, llevan vestiduras blancas; en Egipto, Grecia y Roma, son los mistes, y en el cristianismo, los catecúmenos.

Siguiendo la historia de este símbolo en las lenguas profanas, reconozco que el blanco es sinónimo de unidad de Dios, felicidad, candor, pureza y ciencia. Por último, ahondando en las tradiciones populares y las leyendas supersticiosas, constato la presencia del simbolismo en los cuentos fabulosos sobre las piedras blancas.

La luz se oscureció; en la lucha contra el bien, triunfó el mal. Los hombres vieron a Dios cara a cara, y se apartaron de su mirada. En su inefable bondad, el Creador se manifiesta en una triple revelación que corresponde a las tres lenguas: divina, sagrada y profana.

La revelación primitiva se dirige al hombre interior y le habla en el lenguaje divino; el cielo es el templo del Señor, y el corazón del hombre el altar del sacrificio. Pero la humanidad quiere ver con los ojos del cuerpo para comprender, quiere tocar con la mano para creer, y se construyen santuarios y los sacerdotes ofrecen víctimas.

La humanidad desciende un peldaño y la segunda revelación manifiesta la palabra en el lenguaje sagrado; Moisés da el plano de la ciudad santa y regula el simbolismo de los ritos y los trajes. Pronto el símbolo se diviniza, la letra se apodera de la palabra divina y sofoca su vida espiritual; el hombre es completamente exterior; Dios se revela entonces en la última etapa y se encarna en la materia para arrancar al hombre de ella glorificándolo.

El Sol, el oro y el color amarillo representaban también las tres revelaciones: primitiva, mosaica y cristiana. Las creencias de todos los pueblos emanan de estas tres fuentes, y en todas partes los mismos símbolos nos ayudan a comprender los mismos dogmas.

Dice san Juan: «En el principio era el Verbo, en él estaba la vida, y la vida era la luz de los hombres, y la luz brilla en las tinieblas, y los hombres no la han comprendido».

El Sol es el símbolo de la luz revelada. En Persia, se honra al Verbo místico manifestado en la forma solar de Mitra, el Mediador; en la India, es Vishnu, el Sol espiritual, que se movía sobre las caras del abismo, y que se encarna en Krishna, el mito profético del Señor.

En Egipto, Amón y Horus repiten el mismo pensamiento. El símbolo se materializa, el Sol se convierte en Dios, pero las tinieblas no prevalecerán contra la luz. El pueblo hebreo sale de Egipto, Moisés se aparece a los hijos de Israel radiante de luz; los rayos iluminan su cabeza. El mal sigue su rápido curso, los profetas le llaman la luz, el Sol, el Oriente; y el oro es su símbolo, como el de Honover, Mitra, Vishnu, Amón, Horus y Apolo.

Sin embargo, la vida humana que palpita en el corazón de Israel no se ha sustraído por completo al resto de la humanidad; los misterios siguen iluminando la noche del paganismo. Anubis es el iniciador egipcio, el guardián de la santa doctrina. Sus estatuas son de oro, su nombre significa «dorado». Y el guardián de la fe cristiana, san Pedro, tendrá como símbolo vestiduras de oro. Todas las ciencias emanan de la ciencia de Dios; Thoth, Hermes y Mercurio son sus representantes, y a ellos está dedicado el oro.

La iniciación se adquiere a través de largas y difíciles pruebas; la manzana de oro es el premio de la victoria, recogida en el Jardín de las Hespérides por Hércules el neófito; los regenerados aparecen entonces radiantes de luz; brillan como las estrellas, y la cabeza del sabio, añade la Biblia, es del oro más puro.

El alimento amarillo dorado representa el amor divino y la sabiduría divina, que los regenerados hacen suyos. Encontramos aquí una multitud de locuciones bíblicas y paganas que la filología trata vanamente de hacer pasar por tropos retóricos.

Al lado del bien aparece el mal, así el error hace de contrapeso a la verdad. No hay virtud que no tenga un vicio opuesto; no hay símbolo celestial que no tenga su contrapartida infernal. «Cuidado» dice el Señor, «no sea que la luz que hay en vosotros no sea más que tinieblas». El color del oro, que representaba la revelación y la unión del hombre con Dios, representará el adulterio espiritual, que encuentra su expresión y emblema final en el adulterio carnal.

Una lluvia de azufre consume a Sodoma, esa ciudad adúltera. El Señor, dice el libro de Job, derramará azufre sobre la morada de los impíos, y este símbolo de culpa reaparece en los sacrificios paganos de expiación.

En la Edad Media, el amarillo dorado era símbolo de amor, constancia y sabiduría, mientras que el amarillo pálido indicaba traición. Las puertas de los traidores se marcaban con amarillo, y los judíos, como Judas, llevaban túnicas de este color porque habían traicionado al Señor. Hoy en día, el amarillo es el emblema de los celos y el adulterio.

El blanco representa la luz increada o el Ser Supremo, el amarillo la luz revelada o el Hijo de Dios, y el rojo y el azul la santificación o el Espíritu Santo.

El dogma de la Trinidad apareció en Tartaria, invadió Oriente, Egipto, y fue reconocido aún en el paganismo de Grecia y Roma. En todas partes, el fuego y su color rojo son símbolos del amor regenerador, así como el aire y su color azul denotan la verdad regeneradora.

El fuego de los sacrificios es la imagen del fuego celestial que reposa en el corazón. Esto explica el origen de los sacrificios; una pira fue el primer altar, y los templos han conservado su forma.

Las divinidades del amor aparecen vestidas de rojo, los pontífices que dispensan la gracia divina se visten de rojo, la realeza desmiembra el pontificado, le quita su poder político, y el manto púrpura se convierte en el signo del derecho divino de soberanía.

De Dios emana el fuego puro que inflama las almas piadosas; del infierno exhala el horno oscuro, símbolo de nuestras malas pasiones. El diablo será rojo, y los malvados vestirán ropas de carmesí y púrpura.

Pronto el rojo dejará de ser el emblema del fuego y del amor, para representar la sangre derramada en el campo de batalla y, finalmente, la sangre derramada por el verdugo.

El azul es el color de la bóveda celeste, del aire que nos da la vida; el Dios que nos creó con su aliento, o el Espíritu Santo, siempre se ha representado en azur. En la India, Vishnu nació azul. En Egipto, Kneph fue pintado de azul, como el Júpiter griego.

El hombre, creado por la sabiduría divina, sucumbe a las tentaciones del mal; Dios, el salvador de los hombres, el redentor de la humanidad, tendrá también, a modo de símbolo, el color del cielo.

Vishnu se encarna en Krishna, y el Dios encarnado es azul celeste. En Egipto, Amón es el Verbo divino, el azur es su color. Y en las pinturas cristianas, Jesús lleva una túnica azul durante los tres años de su predicación de la verdad.

En la India, el dios del fuego espiritual, Agni, monta un carnero azul; Amón tiene cabeza de carnero, su cuerpo es azul; Júpiter Amón es azul; Jesús, que es el cordero místico, su manto es azul.

La verdad, descendida del cielo, se une a los males y errores de la Tierra para arrancar a los hombres de ellos. El primer grado de iniciación será designado por la unión del azul y el negro; el Dios regenerador será negro y azul como el sacerdote iniciador.

Es en este sentido que Vishnu, Krishna, Osiris, Saturno y Mercurio son negro y azul oscuro. Jesús vino a este mundo para eliminar las tinieblas, y su túnica es negra cuando lucha contra el infierno; a través de su madre, se revistió de los males de la humanidad, y las vírgenes más antiguas son negras.

El azul, símbolo de la verdad y de la eternidad de Dios, pues lo verdadero es eterno, será el emblema de la inmortalidad humana.

Después de la muerte, decían los pitagóricos, el alma regenerada se eleva hacia el éter libre. Las estatuillas y amuletos azules hallados en las tumbas egipcias recuerdan esta creencia; en China, el azul es el color de los muertos. En un monumento de simbología cristiana, uno de los más antiguos y curiosos, Jesús en la tumba está rodeado de cintas azules, y su rostro es azul. En la Edad Media, el lino mortuorio era generalmente azul.

Este símbolo del estado de las almas en la otra vida representaría más tarde la muerte carnal y, tras haber representado la eternidad de Dios y la inmortalidad del alma, se convertiría en el lenguaje popular en el emblema de la fidelidad.

El blanco, símbolo del Ser de todos los seres, fue nuestro punto de partida; el amarillo, el rojo y el azul nos enseñaron los atributos divinos de la creación espiritual. Aquí llegamos a la última etapa, a la materia designada por el último de los colores, el negro.

La materia no tiene nada malo en sí misma. No es más que el último grado que emana de Dios. Si el hombre se vuelve hacia la creación, se aleja del Creador; la materia es la causa del mal, pero el mal está en el corazón humano, sólo puede estar donde existe la libertad.

El hombre que se regenera, es decir, que se espiritualiza, se despoja del hombre carnal y atraviesa las puertas de la muerte para entrar en el santuario de la vida.

Morir es ser iniciado en los grandes misterios. La iniciación, adquirida en esta Tierra, era una imagen de la muerte. Las ceremonias de recepción tenían lugar por la noche. Las divinidades invocadas por los mistos y que presidían su entrada en el templo eran negras. En Egipto, eran la oscura Isis y la negra Athor; en Grecia, Venus Melanis o negra, y Ceres vestida de negro. En el cristianismo, era la Virgen negra.

El primer grado en los misterios se adquiría mediante el bautismo. Se sacrificaban toros negros a Neptuno. Las divinidades negras, Isis, Athor, Venus y Ceres, están relacionadas con el agua. En China, el negro es el emblema de este elemento.

Símbolo de la muerte carnal, el negro tenía que ser el color del luto de los profanos en la Edad Media, cuando la espiritualidad cristiana aún estaba viva, cuando el símbolo era comprendido e imitado en la arquitectura, la estatuaria y la pintura, los paños mortuorios variaban en sus colores, porque representaban el estado de las almas en su morada eterna. Hoy en día, los funerales sólo recuerdan la destrucción carnal; el hombre se ha vuelto exterior y el sudario de la muerte sustituye al manto de las bodas celestiales.

El verde inicia la serie de los colores compuestos; formado por la mezcla de amarillo y azul, indica la unión del amor y la verdad en acción.

El verde es el color de la vegetación o de la creación terrestre, y era el símbolo de la creación espiritual o de la regeneración.

El rojo, el azul y el verde corresponden a las tres esferas celestes: la primera, del amor; la segunda, de la sabiduría; la tercera, de la acción o creación. Los tres grados de iniciación y regeneración también están representados por estos tres colores.

Rama es la personificación india de esta doctrina; en el primer grado, aparece de verde y lucha contra los gigantes, los hijos de las tinieblas; en el segundo, está pintado de azul; en el tercero, el grado supremo, se le da un cuerpo de jacinto, con ojos y labios rojos.

La iniciación egipcia reproduce los grados de la regeneración india; el bautismo azul, o bautismo del espíritu, y el bautismo rojo, o bautismo del amor, siguen al bautismo natural, marcado por las divinidades verdes y el traje verde de los iniciadores. De este modo, san Juan Bautista, al bautizar con agua, anuncia al que bautizará con espíritu y fuego.

Venus y Minerva, divinidades del amor y la sabiduría, marcan la entrada del neófito en el camino de la regeneración; son verdes y muestran una relación con el agua o el bautismo: ambas son hijas del mar.

Según los cabalistas hebreos, la belleza es una de las diez emanaciones divinas, y el verde es su símbolo.

En el Evangelio, como en el Antiguo Testamento, el verdor y la hierba de los campos representan a los elegidos. En China, el verde designa la caridad, base de toda regeneración. El verde es el color del islam. El iniciador mahometano Alí lleva una túnica verde, como el iniciador cristiano san Juan Evangelista.

Por último, el verde, símbolo de la doctrina religiosa y de la expectativa de una nueva vida, será para el pueblo el emblema de la esperanza en este mundo.

Ahora que conocemos el significado de los colores simples, es fácil conocer los colores compuestos. El rosa es una mezcla de rojo y de blanco; designa al amor de la sabiduría divina. En Egipto, el rosa era el jeroglífico de la iniciación en el amor y la sabiduría de Dios. Y en la Biblia, el rosal se convirtió en el emblema de los regenerados.

El púrpura y el jacinto se producen por la unión del rojo y el azul; el rojo domina en el púrpura, y el azul en el jacinto;

el color dominante forma el significado general, y el matiz dominante lo modifica. Así, el púrpura significará el amor de la verdad, y el jacinto la verdad del amor. Si el primero de estos colores se refiere al bien y el segundo a la verdad, por oposición, el púrpura designará al mal y el jacinto el error; la Biblia consagra el significado de estos símbolos.

El rojo y el azul se equilibran en el violeta. Este color representará la unión íntima entre el amor divino y la divina verdad; Dios es amor y Cristo es verdad. Jesús identificó su naturaleza con la del padre, triunfando en los infiernos, y el simbolismo cristiano le atribuye ropas de color violeta durante la Pasión. Este color fue atribuido a los mártires, pues era el color del Dios mártir; más tarde se convirtió en el color del luto otorgado por adulación a la realeza.

El color azafrán se compone de rojo y amarillo; consagrado a la divinidad, significa la revelación del amor. Aplicado a los hombres, indica el amor de la revelación y la unión del alma con Dios.

En el lenguaje divino, el azafrán es el símbolo de las nupcias místicas; en el lenguaje sagrado, adquiere el significado de un matrimonio consagrado por la religión. En cambio, en el lenguaje profano, este color se utiliza para denotar el adulterio, y la flor de caléndula es el atributo de los maridos engañados.

El bronceado es una mezcla de rojo y negro; será el símbolo del amor oscuro y la librea del infierno. El génesis de los parsis explica este símbolo diciendo que el humo rodeaba el fuego después de que el genio maligno se hubiera mezclado con la luz celeste. En la Biblia, el humo, el hollín y las cenizas adquieren el mismo significado porque oscurecen la llama, símbolo del amor divino.

El color del fuego oscuro, o negro rojizo, conserva en todas partes y siempre su significado nefasto. En la India, Shiva nace entre lágrimas; todos los males que afligen a la humanidad proceden de Shiva; su color es marrón o bronceado.

Tifón es la personificación egipcia del mal; es del color del fuego y de la ceniza o bronceado. Los hombres pelirrojos y los toros pelirrojos o bronceados eran sacrificados a Orisis, el genio bueno; Tifón es la serpiente maldita, y la serpiente del Apocalipsis, que es el diablo y Satán, es pelirroja o bronceada.

En la mitología griega, el fuego oscuro explica la fábula de Vulcano, del mismo modo Anteros es el amor depravado; su pelo es negro y de color rojo fuego o bronceado.

En el fin del mundo, decían los escandinavos, el adulterio y el homicidio reinarán sobre los hombres, y el universo se consumirá en un fuego negro.

Este color, consagrado en el Apocalipsis, se convirtió en el símbolo de la condena en el cristianismo. A Judas se le representa con el pelo rojo o moreno, en contraste con la cabellera dorada del Mesías. Por último, los moros atribuían este color a todos los males que aquejan a la humanidad.

En la simbología cristiana, el gris hace referencia a la resurrección de los muertos. El luto es primero negro, luego gris y finalmente blanco, un triple símbolo de la elevación del alma de la tumba a la inmortalidad.

Los artistas de la Edad Media dieron a Jesucristo un manto gris cuando presidió el Juicio Final.

En el lenguaje profano, este color, compuesto de blanco y negro, era el emblema de la inocencia acusada y de la fe mentida; acabó designando, en el lenguaje vulgar, al hombre que pierde la razón en la embriaguez.

CONCLUSIÓN

Un gran hecho domina la investigación que presento al mundo erudito: *la unidad de la religión entre los hombres*; y, como *prueba,* el significado de los colores simbólicos, el mismo entre todos los pueblos y en todas las épocas.

La religión y el significado de los colores siguen un camino idéntico; una es la expresión de la otra. ¿El espiritualismo impulsa el dogma? El símbolo es espiritual; ¿el materialismo impulsa el culto? El símbolo se materializa.

Tres veces la humanidad caída es tres veces rehabilitada; tres veces el simbolismo degradado es tres veces sacado a la luz.

En la vida de cada religión se reproduce la imagen de este gran drama, y la era divina, la era sagrada y la era profana se reflejan en el triple significado de los colores.

Es, pues, cierto que el simbolismo fue un lenguaje, y que su origen no fue humano; que el hombre, lejos de crearlo y transmitirlo puro, le imprimió el sello de la degradación.

Pero ¿qué enseñaba?

El Dios de Moisés era el Dios de los faraones, de los brahmanes y de los caldeos; creó al hombre para la felicidad, y el hombre abandonó el camino marcado para caer en el mal. Entonces la redención del mundo se convirtió en la creencia universal; el cristianismo, esperado o revelado, fue el centro de todos los cultos, tanto antes como después de la aparición de Dios en la Tierra.

La conclusión necesaria es que el cristianismo es la consecuencia y el eslabón de todas las religiones; que por su acción divina todas se unirán en una comunidad fraternal y, aunque conserven formas externas diferentes, recibirán la luz que emana de la verdad eterna.

El islamismo fue un primer grado de iniciación para los pueblos de Oriente; la unidad de Dios se convirtió en el dogma de la mayoría de los hombres. ¿Abandonará ahora la Providencia su obra? El islamismo, actuando ya de forma apagada, toma prestada del mundo cristiano la vida que lo abandona.

En la India, Egipto y Constantinopla, los mahometanos reclaman la civilización europea. La conquista de la India por parte de los ingleses, la expedición de los franceses a Egipto y su establecimiento en Argel parecen ser los pasos dados por la Providencia para alcanzar el gran objetivo de la regeneración universal.

¿Acaso el movimiento de las sociedades modernas y el caos de la política y los cultos cristianos no anuncian la aurora de un nuevo día?

ÍNDICE